U0865386

好书精读 Master 15′

商业新闻出版公司和轻松读文化事业有限公司提供内容支持

走近无领导组织

——互联网时代就这么干

轻松读大师项目部　编

中国言文出版社

图书在版编目（CIP）数据

走近无领导组织：互联网时代就这么干：大字版/轻松读大师项目部编．—北京：中国盲文出版社，2017.10

ISBN 978-7-5002-7989-1

Ⅰ.①走…　Ⅱ.①轻…　Ⅲ.①互联网络—应用—企业管理—研究　Ⅳ.①F272.7

中国版本图书馆CIP数据核字（2017）第223060号

本书由轻松读文化事业有限公司授权出版

走近无领导组织：互联网时代就这么干

编　　者：轻松读大师项目部
出版发行：中国盲文出版社
社　　址：北京市西城区太平街甲6号
邮政编码：100050
印　　刷：北京新华印刷有限公司
经　　销：新华书店
开　　本：787×1092　1/16
字　　数：70千字
印　　张：12
版　　次：2017年10月第1版　2017年10月第1次印刷
书　　号：ISBN 978-7-5002-7989-1/F·175
定　　价：40.00元
销售热线：（010）83190289　83190292　83190297

版权所有　侵权必究　　印装错误可随时退换

出版前言

数字文明为我们求知问道、拓展格局带来空前便利，同时也使我们深受信息过剩、知识爆炸的困扰。面对海量信息，闭目塞听、望洋兴叹固非良策，不分主次、照单全收更无可能。时代快速变化，竞争不断升级，要想克服本领恐慌，防止无知而盲、少知而迷，需尽可能将主流社会的最新智力成果内化于心、外化于行，如此才能更好地顺应时代，提高成功概率。为使读者精准快速地把握分散在万千书卷中的新理念、新策略、新创意、新方法，我们组织编写了这套《好书精读丛书》。

这套书旨在帮助读者提高阅读质量和效率。我们依托海内外相关知识服务机构十多年的持续积累，博观约取，从经济管理、创业创新、投资理财、营销创意、人际沟通、名企分析等方面选取数百种与时俱进又经世致用的好书分类整合，凝练出版。它们或传播现代经管新知，或讲授实用营销技巧，或聚焦创新创业，或分析成功者要素组合，真知云集，灼见荟萃。期待这些凝聚着当代经济社会管理创新创意亮点的好书，能为提升您的学识见解和能力建设提供优质有效便捷的阅读资源。

聚焦对最新知识的深度加工和闪光点提炼是这套书的突出特点。每本书集中解读 4 种主题相关的代表性好书，以“要点整理”“5 分钟摘要”“主题看板”“关键词解读”“轻松读大师”等栏目精炼呈现各书核心观点，崇真尚实，化繁为简，您可利用各种碎片化时间在赏心悦目中取其精髓。常读常新，明辨笃行，您一定会悟得更深更透，做得更好更快。

好书不厌百回读，熟读深思子自知。作为精准知识服务的一次尝试，我们期待能帮您开启高效率的阅读。让我们一起成长和超越！

目 录

在自然界中，如果切除蜘蛛的头，它便会死亡。海星则不同，如果切断海星的一只脚，海星便会长出新的脚，同时，那只被切除了的脚还会长成一只新的海星。商场上也开始出现同样的现象：过去，大多数企业比较像蜘蛛型组织，层级结构僵化、领导自上而下；而如今，新兴的海星型组织没有明确的领导人，没有僵化的层级结构，但组织成员有着共同的理念和目标，热情度高、执行力度强，组织分散却力量强大，看似无序的组织却有着有史以来最强大的势力！

澳大利亚国防科学技术委员会的科学家们通过研究发现，大多数昆虫天生便多才多艺，并且对环境具有极强的适应性，而这些昆虫往往都是集体活动，遇到状况时，便采用“集体智慧”来解决问题。如蚂蚁搬家、蜜蜂筑巢等都是“集体智慧”的表现。在人类社会化的过程中，“集体智慧”的运用是知识管理的根本目的，以提高人类对环境快速变化的应变能力和创新能力，实现知识的共享与转换。

有些领导者会榨干团队及下属所有智慧及创造力，因为他们坚持要做团队中最聪明的人，这种领导者可被称为“弱化型主管”。而另一些领导者则会引导下属取得最佳成绩，帮助下属成长，让下属变得更聪明、能干，这类领导者可被称为“强化型主管”。强化型主管的生产效能远远超过弱化型主管，那怎么才能做一个强化型主管呢？5大修炼带你走向强化型主管！

不要用战术上的勤劳来掩盖战略上的懒惰！做正确的事永远比正确做事重要！企业界一直有这么一个神话信条："不要让自己老是忙于各项业务，你要停下来思考如何发展企业。"为落实这个信条，打造出符合企业经营理念的世界级企业，领导者须致力于7项基本修炼。

海星型组织 PK 蜘蛛型组织

The Starfish and the Spider

The Unstoppable Power of
Leaderless Organizations

原著作者简介

奥瑞·布莱福曼（Ori Brafman），毕业于加州大学伯克利分校与斯坦福大学商学院，一生都在创业，创立的事业包括无线网络公司、科技法庭公司以及健康食品倡导团体，另外还成立了社团，联合多家企业的经营者共同推动公益计划。

罗德·贝克斯特朗（Rod Beckstrom），毕业于斯坦福大学，与布莱福曼一样，创立了多家企业。贝克斯特朗曾获富布赖特奖学金，并在伦敦工作过两年，担任摩根士丹利银行衍生性金融商品的交易员。贝克斯特朗在斯坦福大学就读期间，创立了一家风险管理公司CATS，后来发展为跨国企业，并且在纳斯达克上市。贝克斯特朗是衍生性商品与风险管理的先驱，与人共同编著《风险值》一书，探讨当代的风险管理理论，并著有《动动脑》与《风险值入门》等书。

本文编译：邱约文

主要内容

主题看板

海星型组织的特征

组织形态演变和物种基因演变原理相同，都是为了适应环境变化，避免灭绝。人类文明最早的组织形态是宗族及军队，都是高度集权的典型。随着商业和科技进步，许多组织无法再靠传统指挥系统维系，于是分权概念兴起，最后发展出无领导组织；无领导组织又因生存空间的不同，衍生出“海星型组织”，例如维基百科。这类海星型组织不是极富创意、破坏力强大，而是外力压抑越强，反抗力量越惊人，分权越彻底。传统的蜘蛛型组织碰上打不死的海星型组织，怎么办？布莱福曼和贝克斯特朗提出对策：一是瓦解海星型组织的共同信念；二是把“海星”变回“蜘蛛”；三是加入海星型组织。聪明的领导人，相信你已经发现了第四种可能：半蜘蛛、半海星型组织。这个发现具有很大的价值！

1. 规模不经济

“规模不经济”来自于“规模经济”这个概念。“规模经济”是指生产初始阶段，厂商由于扩大生产规模，使生产成本降低、经济效益得到提高。但当生产规模扩展到一定程度后，厂商若继续扩大生产规模，会导致生产成本增加、经济效益降低，这叫“规模不经济”。既然扩大生产有提高成本的危险，所以有人开始思考如何避免因扩大生产规模而产生“规模不经济”的现象；甚至反向思考，利用小规模生产，取得原来只有靠大规模生产才能实现的经济效益。网络商店的兴起便是很好的例子。以 CD 的销售为例，大型超市沃尔玛为了降低成本而扩大销售规模，一张 CD 必须卖够 10 万份才能摊平管理费用以获取利润。然而，在市场上具有这样销售量的 CD 连 1％都不到。此外，扩大规模的经营策略还有另一项缺点：会忽略许多更有潜力的非主流产品的需求。为了提高销售量而选择具有高销售量的CD，就会忽略想买韦恩喷泉乐队、水晶乐队等非主流音乐的消费者。现在最流行的网络音乐商店、亚马逊书店等网络商店，首先解决了像沃尔玛等大型零售店，为降低平均成本而不得不选择能够大量销售的产品作为主营产品，而忽略非主流产品需求这一经营策略的缺点。甚至，类似 iTunes 等商店，在纯粹网络化服务的情况下，由于无须支付产品摆放空间的费用、没有仓储成本以及配销下游零售商店的相关费用，再加上可以销售那些被我们忽略的产品，所以能够产生跟畅销 CD 同样的利润。

2. 催化者

所谓催化剂是指能够改变化学反应的速率，但本身并不参与化学反应的物质。能起到催化剂作用的人，我们便称之为“催化者”。维基百科创办人吉米·威尔士便是催化者最典型的例子，他所创办的维基百科，改变了传统的百科全书形式，让全世界的人都能共同参与这本百科全书的创作。威尔士在建立平台后，只专注维持维基百科的健全发展，不插手其他管理细节，让维基社群完全自主发展。像这种事成之后便功成身退的推手，我们便称其为催化者。每当威尔士被问到是谁在管理维基百科的服务器时，他总回答："我完全不知道。使用者自己会管理，我也不知道他们是怎么做的，他们会互相监督。"

5分钟摘要

海星型组织与蜘蛛型组织兼容并蓄

在自然界中，如果切除蜘蛛的头，蜘蛛便会死亡。海星则不同，如果切断海星的一只脚，海星会再长出新的脚，同时，那只被切除的脚还会长成另一只新海星。

商场上也开始出现同样的现象。过去，大多数企业都比较像蜘蛛型组织，层级结构僵化，领导方式由上而下，由一人负责发号施令，组织架构清楚分明。现在出现了几家比较引人注目的企业，组织架构比较像海星，这些组织没有领导人，没有僵化的层级结构，也没有其他传统企业的特征。这些新兴的海星型企业，对一个又一个行业造成冲击，实力与市场影响力也都在日益增加。不论是在什么市场上竞争，海星型组织总是比传统蜘蛛型组织略胜一筹，而且对现有的龙头企业冲击严重。

在自然界中，物种必须不断进化才能繁盛，企业也是一样。稳固经营的企业要想在未来继续蓬勃发展，最重要的就是在运营模式中加入海星型组织的特性。如果能够让组织既吸收蜘蛛型组织的优点，也把有效的海星型组织特性加进来，就能规划出一套有效的运营策略，让公司在未来能够居于有利地位。

组织发展的重点是要不断进化、适应，不要让自己陷入灭绝的危机。

关键思维

组织分权的做法已经沉寂了几千年，互联网的发展却释放了这股力量，颠覆了传统企业，扭转了整个行业，改变了人与人之间互动的方式，更影响了世界局势。缺少架构和领导的组织，反而成了极为有利的发展模式。竞争的游戏规则已经不可同日而语。

——奥瑞·布莱福曼　罗德·贝克斯特朗

一　什么是“无领导组织”

无领导组织就是权力完全分散的组织，成员之所以愿意继续为这种组织效劳，是因为认同组织的宗旨，并不是因为受到任何契约或正式协议的束缚。无领导组织没有特定的门槛，当然也没有人能够真正当这种组织的老板，更没有人能够刻意操控这种组织为自己获利。总而言之，无领导组织是一种形态完全不同的企业架构，要不是因为这种组织越来越普遍、越来越成功，大家很容易忽视这种架构，只当作一种假说而已。

1. 彻底分权的组织

无领导组织就是彻底分权的组织，如果习惯了从传统企业经营的角度来衡量，那么无领导组织似乎没有存在的必要。这种组织没有规则、没有组织架构或层级，组织成员靠着共识与合作完成各项工作，不把工作当成职责或义务。

表面上看来，无领导组织似乎没有规律可循，却是一种非常有效率的企业架构。原因之一是分权组织具有高度的适应力和反应力，因为信息传递没有时间差，信息不必从下往上一层层传达至组织高层，再由高层规划策略、下达指令。分权组织的成员只要觉得有采取行动的必要，就会根据自己的判断，立即采取最有效的行动，不必经过高层的认可。只要这位成员的做法足够有效，其他成员就会效法跟进。这使得分权组织具有高度的适应力，对企业来说，要在急速变化的环境中运营，高度的适应力是非常有帮助的。

2. 分权组织的基本特性

（1）大家都有决定权。

如果是第一次遇上海星型组织，很容易就会认定它是蜘蛛型组织，必须深入探究，才能看出这种组织的真实面貌。虽然分权组织的结构松散，但成员所拥有的权力却大得惊人。这种概念刚开始很难令人接受，但如果只因为海星型组织看起来没有人负责掌握全局，就看轻了这种组织，那无疑会让自己的组织陷入险境。

（2）信息完全透明。

分权组织没有情报中心，情报散布于整个体系之中。这对组织来说是非常有利的，因为这表示，负责执行的组织能够第一时间直接接收信息和知识，不必等待信息在成员之间层层传递。如果有一群人能够为了远大的目标，彼此通力合作，千万不要小看了这群人的力量。

（3）成长速度惊人。

分权组织开放的体系是为了应对新的挑战、满足新的需求，面对环境的变化能够快速进行调整，这种体系能以非常惊人的速度成长。例如，网络在不到 10 年的时间，就基本取代了信件、电报等的通讯功能。

（4）规模不经济。

行业界一开始采取集权的组织架构，主要是

为了靠大量生产、大量销售创造营业收入。由于海星型组织的出现，行业界也开始采取分权的架构，整体获利也随之降低。这对消费者来说也许是好消息。但对企业来说，如果行业界里也出现了海星型组织，就表示调整运营模式的时候到了。当你的产品可以转换成电子形式，而所有人又能通过网络免费取得这类产品的复制品时，那么你与其把获利来源放在销售热销产品上，不如找出其他方法创造收入。

3. 集权和分权组织的比较

（1）集权组织的特点。

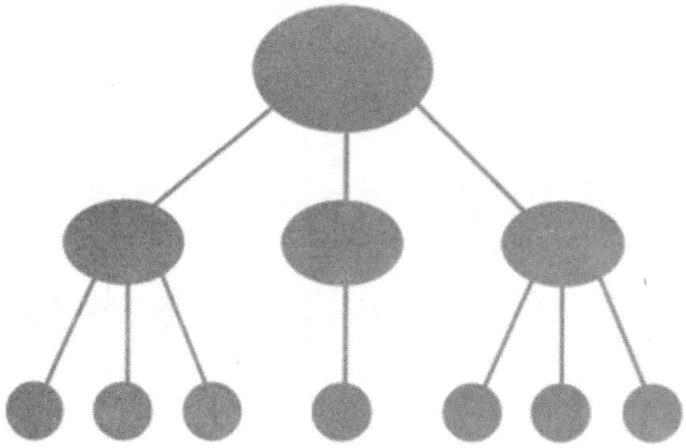

集权组织

◎由单一领导人主导、负责。

◎组织有总部。

◎只要对组织领导人予以重击，组织便会衰亡。

◎组织分工明确、权责分明。

◎如果撤除某一业务单元，组织就会受创，运作也将受阻。

◎组织架构僵化、固定。

◎各个业务单元的资金都是来自总部，业务单元预算也是由总部决定与管理。

◎组织成员或员工的人数非常清楚。

◎各个工作小组之间的沟通由总部指派专人负责。

（2）分权组织的特点。

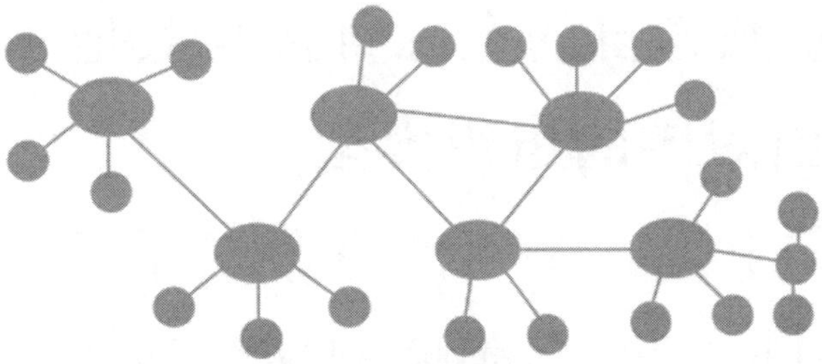

分权组织

◎组织没有特定领导人。

◎组织没有类似总部的部门。

◎如果组织的领导中心受到重击，组织仍然能够存活。

◎权责划分非常有弹性，并且会不断调整。

◎不论撤除哪个业务单元，组织的其他业务单元仍然能够照常运作。

◎组织架构具有弹性，而且经常改变。

◎组织中各个业务单元自筹资金，而且运作完全自主。

◎很难判断组织在任何一个时间点上，准确的成员人数有多少。

◎各个工作小组在沟通上享有完全的自主权，能够依照各自的意志直接与其他小组沟通。

4. 判断对手的组织类型

在市场上遇到了新的竞争对手，首先必须设法判断自己面对的是蜘蛛型还是海星型组织。要分辨对手的组织形态，最重要的就是要问对问题。所谓“对”的问题包括10点：

（1）该组织有没有领导人？

领导人也就是首席执行官或职位相当的角色，这位领导人负责下达指令，决定组织要进行哪些工作。

（2）该组织有没有实体的总部？

实体总部也就是组织智囊团运作的地点。

（3）如果领导人受重击，该组织是否会衰亡？

就算没有层级，海星型组织还是能顺畅运作，因为会有其他抱有同样宗旨的成员取而代之。

（4）该组织的分工和权责是不是明确？

集权组织会规划部门、工作职责和预算。在分权组织中，人人都可以做自己想做的事。

（5）如果除去其中一个业务单元，该组织会不会受创？

在分权组织中，各业务单元都是独立自主

的，也是可被取代的；而在集权组织中，每个单元都扮演了不同的重要角色。

（6）在该组织中，知识与权力是集中还是分散的？

在传统企业中，权力与知识都集中于高层；而在分权组织中，每位成员都享有获取知识和信息的同等机会。

（7）该组织的架构是变动的还是僵化的？

分权组织能够快速调整架构，以应对内部或外部的冲击。这种组织能够在变化发生的时候，不断迅速自我调适、成长、缩小或转型。相较之下，传统的企业组织则比较没有弹性。

（8）能不能清楚得知，该组织有多少员工或成员？

在分权组织中，因为成员流动频繁，所以没有人能确定这个组织到底有多少成员；一般的企业则能够明确说出有多少员工在领公司薪水。

（9）工作小组或各业务单元的资金是来自组

织还是自筹？

分权组织的各业务单元几乎都是自己筹集资金的；集权组织则是靠预算运作的，预算资金来自总部。

（10）工作小组间的沟通，是彼此直接进行，还是通过专人协调？

在集权组织中，沟通要通过层层关卡，由高层进行决策、制定策略，再传达指令。这种情形不会发生在分权组织中。在分权组织中，人人都可以随时与他人对话，决策并不是由特定人士制定的，而是寻求共识，找出最合适的做法。

关键思维

如果组织没有人领导会怎样？如果没有层级又会怎样？你可能会认为一切将会失序，甚至陷入混乱。但是在许多领域中，不采取传统的领导方式，反而促成了强大团体的兴起，颠覆了整个行业的发展模式。简而言之，变革正在我们四周风起云涌。越是想奋力抵抗这股力量，这股力量就变得越强大；越是想控制这股力量，这股力量就越变幻莫测。

数百年来，唱片业都是由屈指可数的几家企业把持，如今一群黑客却改变了这个行业的发展模式。我们将会在不同的领域和行业中，见证这个模式的反复出现。长期下去，各行业会从分权发展到集权，然后又发展回来。为了应对权力过度集中的行业或机构，大家开始进行转变，并且创造出开放的海星型体系。事实上，有些体系分权相当彻底。从许多角度来看，这种组织都不再像组织。

——奥瑞·布莱福曼　罗德·贝克斯特朗

二　无领导组织的魅力

不管分权组织合不合理，它的确已经活跃于商场上了。只要睁大眼睛好好观察，就能了解这种经营方式有多么成功。

1. 无领导组织的案例

（1）网络电话 Skype。

Skype 是一家新模式的电话公司，其信号传输是通过互联网而不是电话线。该公司没有中央服务器，也没有宏伟的办公楼。使用者只要下载免费软件，然后在自己的个人电脑上插入耳机和麦克风就可以使用。甚至连电话簿都被拆成小单位，分别储存在每位使用者的电脑中。截至 2004 年 12 月，Skype 的用户已经有 1500 万人，到 2005 年年底，用户数更是超过了 5700 万；最后，Skype 被 eBay 以 41 亿美元的价格并购。

（2）分类广告网 Craigslist。

克瑞格·纽马克在 1995 年设立了一个网站，追踪旧金山湾区的各种地方性活动。随后有越来越多的网友开始在网站上张贴其他活动的信息。现在，这个网站免费刊登各种小型分类广告，信息来自全球 175 个城市。目前该网站每月吸引 30 亿人次浏览，网友可以免费张贴个人广告，但公司广告除外。据估计，靠着这种方式，Craigslist 创造了每年 1000 万美元的收入。整个网站完全是靠网友自律管理的，人人都可自由发布信息，但是如果某些信息侵犯了他人隐私或权利，其他使用者就可以移除该广告。纽马克仍然参与该网站的日常运作，但网站将如何发展，则是由使用者决定；不是先由管理团队拟出策略，再按照策略进行。

（3）服务器软件 Apache。

美国伊利诺伊大学的全美高速电脑应用中心率先研发出广受欢迎的网络浏览器，这个浏览器后来由网景公司进行运作。许多工程师纷纷离开伊利诺伊大学，创立新公司或加入网景等软件公司，这套建构起互联网架构的软件，也就因此没有人再继续研发。这使得那些研发修正程序的工程师非常气馁，因此他们决定自己找个平台发布修正程序，让大家都能下载其他人研发出来的程序，也可以上传自己研发的程序。其中一名工程师想到，可以用美国原住民 Apache 族来为这个平台命名，这个名字就这么沿用下来。不久之后，就有许多来自世界各地的工程师，都自愿贡献出自己的智慧。最后，网络上发布了一个更新、更强大的 Apache 程序，任何人都可以免费下载，并随自己的喜好修改。由于这套软件非常好用，世界各地的工程师开始采用 Apache 程序码，作为网络服务器运作的基础。由于许多工程师奉献智慧，不断进行调整和升级，因此这套软件能够持续强化与改进。据估计，目前全球信息网站有 67％的服务器主机都是采用 Apache 软件，而不是采用微软等企业研发的系统软件。这样的普及率还带来了另一个优点：为广为人知的浏览器争霸大战提供了一套共同的标准，让所有电脑都可以继续沿用。这样，网络使用者就不必再为用哪一套标准而烦恼。

（4）音乐交换平台 Napster、Kazaa 与 eMule。

分权组织中最具代表性的案例，可能要数 Napster，以及从 Napster 演变而来的音乐交换平台。Napster 是由肖恩·范宁于 2000 年创设的，当时范宁只是一名 18 岁的大学生。只要登入 Napster 中央服务器，就可以分享各自的音乐档案。大家都很喜欢这个点子，只有唱片业把 Napster 视为影响收入的一大威胁。唱片业对 Napster 提出诉讼，诉讼一路进行到美国最高法院，最后胜诉，使 Napster 不得不关闭网站，并且在宣告破产后出售。唱片业还紧咬着交换音乐档案的网友不放，迫使他们支付 4000 美元的罚金。

你可能会觉得，既然唱片业者已经迫使

Napster 等类似的公司关闭，一切发展会就此落幕。然而，大家还是希望能够免费获取音乐。所以应需求发展，没过多久就出现了 Kazaa 交换网站，取代了 Napster 的地位。

之前唱片业者之所以能迫使 Napster 关闭，是因为 Napster 使用了统一的服务器，可以在确切的地点追踪到负责人。而 Kazaa 没有中央服务器，也就没有诉讼标的。Kazaa 的档案分享软件储存在网友的电脑中，档案是通过点对点分享，不必经由中央服务器。不到 12 个月，Kazaa 软件就被下载了 2.5 亿次。但 Kazaa 有一个缺点，就是公司为了创造收入，会销售广告。广告收入还是会流入某个企业，于是唱片业者通过追踪广告费流向，找出了诉讼对象。Kazaa 原本是在荷兰注册成立的公司，后来为了规避诉讼，又转手给一家在南太平洋岛国瓦努阿图注册的公司。Kazaa 是由一位名叫尼可拉斯·詹士庄的瑞典工程师研发出来的，詹士庄把 Kazaa 转手之后，又跟一位合伙人共同研发了 Skype。

就在律师对 Kazaa 穷追不舍之际，又出现了其他同样是档案交换概念的软件。后来有人研发出新版的 Kazaa 软件，移除了刊登广告用的软件，这套新的软件名为 Kazaa Lite 或 K^+，广受网友欢迎。另一家名为 eDonkey 的公司，也发布了一套软件，功能与 Kazaa 非常相近，还有一些默默无闻的黑客，根据 eDonkey 仿造出一套软件，称为 eMule。eMule 是完全开放原始码的软件，没有人知道是谁推出、是谁在研发，又是由谁在管理这套软件，唱片业者根本找不到追究和控告的对象。eMule 的分权极为彻底，即使唱片业者请来最顶尖的律师，也无计可施。

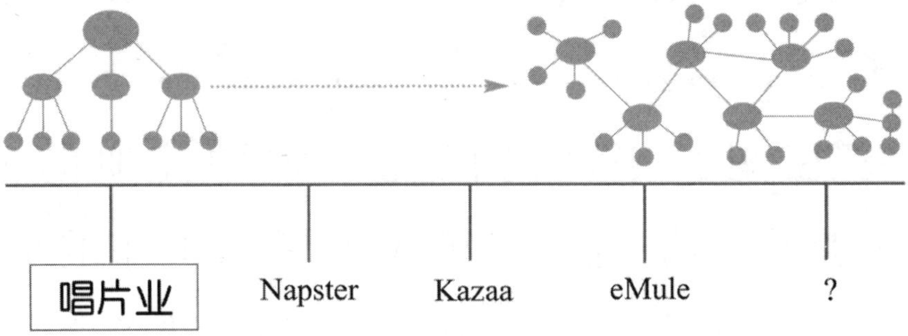

音乐交换平台的发展是海星型企业演进方式的最佳实例，唱片业者对档案分享软件的攻击力量越大，这些软件就变得越强大。久而久之，相同的问题会促使不同版本的软件不断出现，每一种版本的软件，分权程度都比前一种版本更彻底。最后这种概念演变出的软件，即使最高明的律师也束手无策。唱片业者不坐下来思考该如何让档案交换的概念合法化，却一直在寻求法律途径，试图杜绝所有交换行为。唱片业者种种法律行动的失败，都使得目前档案交换比以往更为盛行，规模也持续扩大。

（5）戒酒无名会。

戒酒无名会大概是所有分权组织中最著名的一个。戒酒无名会（简称 AA）的创始人是比尔·威尔森，当 1935 年有人告诉他必须戒酒时，威尔森认识到，光凭他一己之力无法对抗自己酗酒的毛病，因此决定请其他同样酗酒的人帮助自己。AA 的设立宗旨就是，要由酗酒者帮助彼此戒酒。

AA没有总部，没有申请表也没有规章。大家都可以成立自己的分支机构，也可以在不再需要的时候关闭分支机构。每位成员都受到充分信任，只要自认为合适的做法都可以采取。AA是一种理念，是一种控制酗酒的方法，不是一套方法论，无需接受训练才能学会。AA之所以能够吸引全世界上百万人加入，影响这些人的人生，完全是靠着一致的思想。

关键思维

突然之间，世界顶尖的科技公司出现了一种新的合作文化。太阳微系统公司的董事长史考特·麦尼里到底是受到什么样的启发，竟然会说出："我们正在打造社群，我们正进行分享。"麦尼里是不会轻易低头的，而太阳微系统公司也必须对股东负责，然而该公司居然把自己握有专利的服务器软件，变成开放原始码的软件，这套软件过去每年的营业额高达 1 亿美元！这个放弃软件所有权的决策，或许源自麦尼里做善事的想法，也或许出于对经济利益的考虑。行业的整体环境已经改变，只要有一家企业提供分权的开放原始码软件，竞争对手就势必得跟进，才能保持竞争力。太阳微系统公司和 IBM 一样，选择放弃销售软件的收入，希望转而靠辅助服务和硬件来创造收入。软件价格正急速下跌，甚至趋近于免费，各大厂商也正在另寻其他营利方式。软件行业的分权程度越来越高，大家也开始跟着采取全新的逻辑。Google、太阳微系统公司和 IBM 利用顾客为自己工作，而理财软件 Intuit、名嘴奥普拉脱口秀以及亚马逊网络书店，也都让顾客有机会发声。选择这种方式不只为了求进步，通常还是为了求生存。

海星型体系是培养点子的温床，不论点子是创意性的、破坏性的，还是疯狂的，什么样的点子都有可能。杰出的点子会吸引越来越多的人加入，组成社群来落实计划。如果建立严谨的制度和僵化的结构，可能有助于标准化的形成，但是也压抑了创造力。当创造力是必要条件时，学习接受无序也是必要的。

大部分成功的海星型组织，都始于当时看似激进的共同信念。如果真正想改变海星型组织，就要改变成员的共同信念。

——奥瑞·布莱福曼　罗德·贝克斯特朗

三　海星型组织如何运作

分权组织就像海星一样，也是由 5 只脚构成的，分别是：①独立自主的社群。②发起社群的催化者。③基本的共同信念。④可用的既有人际网络。⑤有执行力的斗士。

分权组织可以在缺少一只或两只脚的情况下运作，但是当 5 只脚通力合作时，这个组织就真的可以一飞冲天了。

1. 社群

社群是一种小型团体，成员每天都会彼此互动。社群中没有层级，每位成员都会受到平等的对待。网络使虚拟社群得以成形，并且能够有效运作，而运作的基础是大家都接受的惯例，不是强制的规定。由于社群成员长时间相处，合作进行各种不同的计划，因此大多数社群都会培养出相当高的信任度。例如，对维基百科的投稿人来说，即使知道后续会有网友跟进，修订自己提供的信息、更正错误，并且整理内容，但还是乐于提供信息。

2. 催化者

催化者会创立社群，然后欣然退居幕后。催化者会催生分权组织、推动组织运作，然后把主控权转移给社群成员，不会试图影响社群发展的方向。点燃第一道火光之后，催化者便功成身退。催化者会规划构想、引发话题并且以身作则，然后放手让社群自主发展。

3. 共同信念

共同的信念，能够像黏胶一样，把所有要素连接在一起。分权组织中的每位成员，都接受组织的共同信念。共同信念不一定是要成员牺牲生命，也不一定要成员奉献毕生的心力，但是共同信念让社群有向心力，也有共同的平台可以合作。分权组织的成员往往会持续参与组织运作，就是因为他们认同组织的共同信念。同样，当共同信念弱化时，成员必然会流失。就分权组织而言，加入或离开组织，都是很稀松平常的事。

4. 人际网络

人际网络就是既有的团体，团体成员彼此都很熟悉该怎么合作。大多数分权组织都是在既有网络上建构起来的，不是从无到有创设起来的。例如，废奴运动就是以桂格教派反对蓄奴的运动为基础。同样，比尔·威尔森创立戒酒无名会时，也是从牛津团契的 6 步骤课程开始起步，牛津团契的成立来自一场基督教运动，由一位路德教派牧师推动。威尔森把 6 步骤改变为 12 步骤，取法牛津团契的方法创立了第一个戒酒无名会。不过要记住的是，要与分权网络组织建立关系，不能只是加入这些网络组织，还必须寻求基层成员对特定构想的支持，因为这种网络组织不会有高层下达指令，必须让网络成员认同你提出的构想，并且接受基本的共同信念，这些成员才会有所行动。

5. **斗士**

斗士就是共同信念的代言人。斗士之所以能够带动组织成员，靠的是自己的热忱和动力，不是因为斗士位居要津。斗士的活动力非常强，也非常热衷于吸引其他人加入组织。斗士比较像是业务人员，不像是组织发起人。斗士坚信自己的信念，并且能够做到言出必行，所以特别能激发他人。斗士在激励众人、发起运动之后，便会功成身退。

分权组织要想实现组织的目标，5 只脚缺一不可。如果把这些角色与传统组织中相对应的角色加以对照，会发现一些有趣的现象。就以催化者的角色为例，从许多方面来看，这个角色都相当于传统组织中的首席执行官，但两者之间也有明显的不同之处，在此以下图来说明：

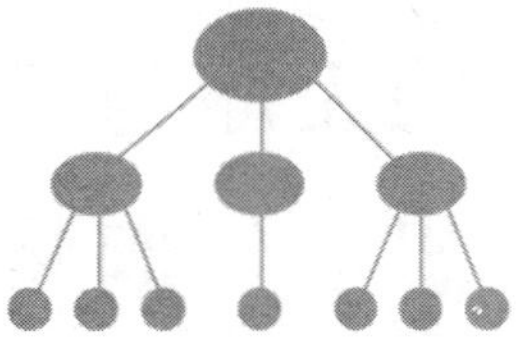

首席执行官

- 上司
- 指挥和控制
- 理性
- 权威
- 下达指令
- 永远是目光焦点
- 极为严谨
- 时间用来管理和制订策略

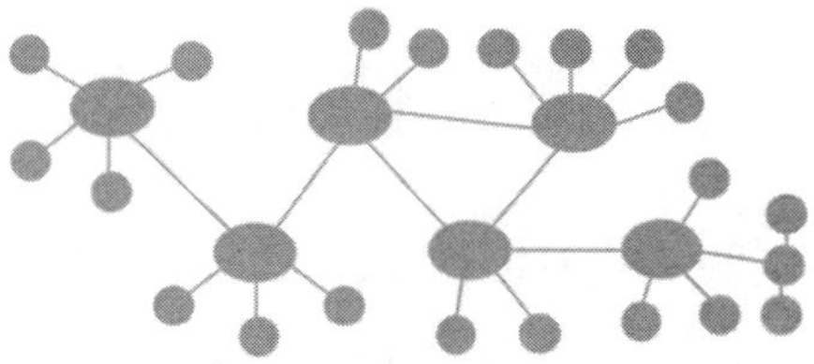

催化者

- 同事
- 以信任为基础
- 感性、聪敏
- 激励
- 重视合作
- 隐身幕后
- 较为弹性
- 多半在建立人际关系

要判断首席执行官与催化者之间的不同，方法是记住催化者是促成变革的媒介。催化者善于颠覆，促使成员打破传统的观念。如果组织需要一点创意的想法，或是有大幅变革的必要，催化者就是不二人选。首席执行官善于捍卫组织传统以及根深蒂固的行事风格，喜欢严谨的架构，让自己能够在既有的基础上进行工作。如果想要达成前所未有的成就，就要找来催化者，放手让他们去做，他们会热爱工作过程中产生的无序与模糊。如果让催化者尽情勾勒伟大的梦想，他们将会朝气蓬勃；如果把他们放在架构严谨的工作环境中，他们可能就会郁郁寡欢。

关键思维

美国政府为了应对“基地”组织的攻击，已经积极准备，而且变得更为集权，这大幅改变了原本权力分立的美国政治体系。美国开国元勋十分清楚权力分散的重要性，因此宪法设计根据的是两项海星型组织的特性。首先，政府划分为3大部门，每个部门都相当独立自主。其次，宪法刻意限制联邦政府的权力，让州政府享有重大权力。但多年之后，联邦政府的规模变得越来越大，而且越来越集权。中央集权的确有其优点，例如政府建立的中央银行体系和货币制度，帮助弱势者的福利政策，保护天然资源的环保部门，以及保障老年人的社会安全制度等。

有个趋势是，企业与机构为了求生存，必须采用兼容并蓄的做法。例如，通用汽车授权给组装线上的员工，杰克·韦尔奇让通用电气的各个事业单元享有自主权，太阳微系统公司认识到必须放弃专利软件的主导权。如果我们无法打败分权组织，想要继续生存的最好方法通常是：加入分权组织的行列。

——奥瑞·布莱福曼　罗德·贝克斯特朗

四　如何与海星型组织竞争

如果行业中有分权的海星型组织加入战局，一般正常的反应会是积极备战，希望能安然渡过这场风暴。但这个策略从未成功过，海星型组织绝对会胜出。不过，如果想要跟海星型组织一决高下，倒是可以选择3项具体方法：①试着改变海星型组织的共同信念。②尽可能让海星型组织变得集权。③让自己更为分权。

1. 集权组织的缺点

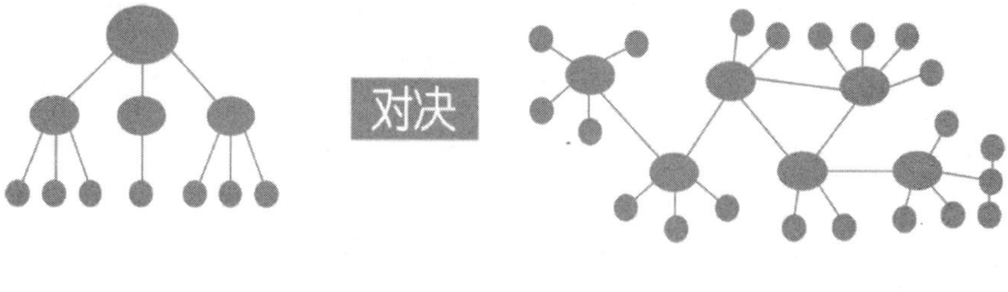

集权组织在受到攻击时，正常的反应都是变得更为集权。举例来说，在纽约遭受“9·11”恐怖袭击之后，美国联邦政府采取了几项应对措施：①设立国土安全部。②悬赏 2500 万美元，缉捕“基地”组织的首脑——本·拉登。③大幅加强安全措施，管制旅游、集会等行为。④授命联邦调查局找出并“消弭”潜藏的恐怖小组，这些小组可能正在计划未来的攻击行动。

然而，尽管美国政府采取了一波又一波的行动，大家依然相信，“基地”组织仍然存在，并且运作顺利。这证明了集权组织的应对做法，往往只会让情况更加恶化。

唱片业打击 Napster 以及后来衍生的软件时，也出现了同样的状况。最后问题不但没有解决，反而让点对点档案下载盛行起来。只要有某个行业的龙头企业是采取集权的组织，那么一旦分权组织进入了这个行业，分权组织总是能够胜出。

2. 对策

事实上，要击败海星型组织，只能靠 3 种方法：

（1）改变该团体的共同信念。

不要想方设法除掉该团体的领袖，或是其他担任催化者的人物。在发展中国家，微型贷款大为成功，因为这让人们有了可以自立自强的具体方法。要改变一个人的共同信念，绝不是一朝一夕可以做到的，但是改变的结果却是持久的。

（2）设法让该团体变得集权。

如果交给催化者一些资源，要催化者依照自己的判断分配资源，就等于创造了一位临时的首席执行官。这样各个社群就不会是独立运作的，反而还会互相竞争，希望分得更多资源。如果唱片业者当初提供金钱上的奖励，促使 Napster 合法化，后来就不必对抗 Kazaa 和 eMule 等软件了。

（3）以子之矛，攻子之盾。

有时候，最能有效对付海星的对手，就是另

一只更强大的海星。如果唱片业者当初接受现实，认清网络时代的来临会永远改变唱片的配销方式，这些唱片业者就可以彻底改变运营模式。唱片业者可以让消费者免费取得音乐，而只需要全心经营演唱会、授权商品以及企业赞助等业务，并由此创造收入即可。

五　海星风潮的启示

尽管分权的海星型组织一开始看起来有些混乱，但是这种组织的潜在影响力却大得不容忽视，必须规划出新的措施，帮助自己应对海星型组织目前和未来的攻击。最佳的应对方法通常是采取兼容并蓄的策略，集合集权组织与分权组织的长处。

1. 创造海星、蜘蛛的综合体

海星、蜘蛛这类混合式的组织，有两种基本类型：

（1）集权企业提供分权的顾客体验。

拍卖网站 eBay 的运营模式，基本上就是如此。在早期，eBay 并购了线上付款系统 PayPal，使得 eBay 用户能够通过有可信度的中介机制，把交易金从一方转到另外一方。PayPal 提供了极为谨慎而严密的方法，让彼此互不相识的人能够进行交易。实际的交易行为，完全是由参与线上买卖的双方进行。eBay 让用户评分，评价对方是否履行了原先的承诺。

亚马逊网络书店的做法也差不多。亚马逊有自己的仓库和交易流程，但是也允许个别卖家把商品挂在网站上出售。亚马逊也邀请顾客发表对产品的评论，然后集结使用者的评论与专家的评论，列在网站上供所有人浏览。

（2）集权企业设立分权的事业部。

通用电气采取此运营模式。如果通用电气的某个事业部要把产品卖给公司内部的另一个事业部，则必须完全按照市场价格收费。这使得每个事业部都必须自负盈亏，排除组织内效率不高的状况。如果某个事业部的竞争力不足，通用电气就会关闭这个部门，不会补助萎靡不振的事业部。就这样，通用电气得以持续保有行业龙头的地位。

开发出开放原始码软件的企业，就是混合式运营模式的最佳范例。IBM 向来都在支援 Linux，协助 Linux 成为替代性的工作系统。太阳微系统公司甚至让企业型顾客能够更轻易地从自己的产品转而采购其他公司的产品，自己佐之以辅助性服务和硬件设备，借此证明太阳提供的解决方案是市场上最佳的选择。

2. 寻找最适平衡点

要经营混合型企业，结合集权的特色以及分权的思维，就必须求取微妙的平衡。但即使取得平衡，也不能满足于既有的成就。商业不断变化和演进，想要保有竞争力，就必须在两种模式之间不断追寻假想的“最适点”。

最适点，介于完全集权与 100% 分权之间，最有竞争力的位置就在最适点上。如果企业能够在海星型组织与蜘蛛型组织之间取得适当的平衡，就可以获得惊人的成就。

如果 eBay 变得更为分权，反而会流失顾客。

举例来说，如果 eBay 不再确认用户的电子邮件地址，允许网友以匿名的方式，张贴自己贩售的商品，交易平台就会变得不可靠，网友的信任程度也会降低，最后生意就会减少，这样 eBay 就远离了自己的最适点。

反过来说，假设 eBay 变得更加集权，开始针对网站上销售的商品给予品质认证，那么 eBay 势必得提高销售佣金，这样不仅会赶走顾客，收入也会减少。

苹果电脑靠着自己的网络音乐商店 iTunes，找到了自己在唱片业的最适点。苹果电脑认识到，消费者已经感到越来越不耐烦，因为他们得买下整张 CD，才能听到其中一两首自己真正想听的曲子。因此，iTunes 推出了完全合法的交易流程，让消费者用 99 美分的价格购买一首曲子，这个价格既不贵，又不完全免费。iTunes 灵活地把公司定位在唱片业的最适点上，因此造就了极为成功的范例。

苹果电脑也在运营模式中加进了一些高度分权的元素。苹果电脑公司积极鼓励使用者成为“播客”，也就是自己制作广播节目，让其他人能够很方便地收听。通过这个方法，网友天生的创造力便得以展现。

值得一提的是，最适点的位置是会不断变动的。从另一个角度来说，这其实是支持集权和拥护分权两股势力之间的拉锯战。在以信息为主的行业中，最适点的位置多半是在靠近分权的那一端。如果有人想要进行非法的勾当又必须匿名的时候，最适点的位置也会靠近分权。当分享的内容在品质上受到质疑时，最适点的位置就会稍稍偏向较为集权的解决方案。对于安全性与可靠性的要求越高，最适点就越可能落于集权的区段。

3. 传统重工业的动态平衡

集权与分权间的动态平衡，不只会出现在高科技行业或是通信行业，也会出现在较为传统的重工业。长久以来，通用汽车的销售表现都优于其他同行，部分原因是，通用汽车让各个部门享有完全自主的权力。这使得公司的管理高层能够有足够的精力，全心处理更重大的战略问题；而各部门经理人，则把精力放在对部门较为重要的事务上。这就表示，制定决策的不是总公司，而是能切身感受决策效果的部门。然而，通用汽车并未采取彻底分权，只是在部门的层级上采取种种分权的措施，但在员工管理上，还是采取过去指挥和控制的管理方式。

当丰田汽车崛起，并决定打入美国市场时，采取了较为分权的做法。丰田汽车把员工视为团队的一分子，认为每位员工都可以贡献宝贵的想法，不只是装配线上的小齿轮。丰田汽车积极鼓励生产线上的员工提出建议，也鼓励经理人采纳这些建议。另外，丰田汽车公司让管理结构扁平化，并且让薪资制度更趋公平，把最适点更进一步推向分权的区段。结果，丰田公司生产的汽车，品质远远优于通用公司生产的汽车。最后，丰田公司俘获了消费者的心，吸引了越来越多的人购买丰田汽车。

总而言之，通用汽车公司不愿持续让自己的混合式组织随时间演化，以为自己可以永远位居市场龙头的地位，因此不必进一步创新。相对而言，丰田公司不断尝试在海星型体系与蜘蛛型体系之间求取理想的平衡。多年下来，丰田公司分权的程度越来越高，在汽车行业中占有强大的竞争优势。

4. 搜索引擎行业怎么由蜘蛛型组织变成海星型组织

另一项绝佳的案例是搜索引擎行业。在网络对大多数人来说还算相当陌生的时候，大家习惯把雅虎作为安全可靠的信息来源。因为雅虎雇用专人担任编辑，把各网站提供的信息加以分类。早期，搜索引擎行业的最适点偏向集权，雅虎的定位相当准确。然而，当使用者对网络越来越熟悉之后，Google 就开始崭露头角，因为网站排序的标准是使用者查询的次数，不是由网络专家编排。Google 等于提供了比雅虎更为分权的网络搜索体验，这一点赢得了使用者的共鸣。但这个行业的最适点会不会停留在 Google 的做法上，或是会出现其他变化，还有待观察，但最适点会随时间不断改变则是毋庸置疑的事实。

关键思维

对部分企业来说，分权并不只是为了要成功，有时候是出于生存的压力。软件业和唱片业一样，遭受海星型组织的大肆入侵。然而，太阳微系统公司与 IBM 的做法就与唱片业者不同，这两家企业已经找到创新的做法，走在了分权浪头之前。IBM 发现，与微软操作系统为敌的原始码开放系统 Linux 正蓄势待发。IBM 不但不和这个分权的市场新对手竞争，反而支援它，调配了 600 名工程师，全力改善 Linux 工作系统，而且积极支援 Apache 和 Firefox 的研发工作。

Firefox 是一种开放原始码浏览器，与微软的 Internet Explorer 分庭抗礼。IBM 的策略，一部分是出于“敌人的敌人，就是我的朋友”这个理念。但是 IBM 这么做的目的，并不是要阻碍竞争对手，而是预料到开放原始码的软件终将胜出。IBM 原本可投注资金，研发有竞争力的产品，但是即使研发出这些产品最后也会被击败，与其尝试研发操作系统与之抗衡，不如设计并销售与 Linux 相兼容的软件和硬件。

——奥瑞·布莱福曼　罗德·贝克斯特朗

六　蜘蛛型组织与海星型组织的游戏规则

当商场上出现越来越多海星型组织，企业运营的游戏规则也将随之改变。在这种状况下，早一分预料到，就早一分准备。与其努力保持现状，不如在新的规则之下，找出能够让企业繁荣兴盛的做法。

1. 对抗海星型组织的“新规则”

在面对来势汹汹的分权组织时，必须了解下列10项新的经营规则：

（1）提醒自己，规模经济的益处已不复存在。

在新的时代，规模小但运营良好才是真正的实力。维持较小的规模，能够让公司享有最基本的竞争优势。维持较小规模并不难实现，因为现在有许多行业的进入门槛是非常低的。

（2）现在要争取新顾客，已经不必付出成本。

大部分销售通道，都是由顾客自己建构起来的。过去，企业必须花大笔经费打造销售通道，才能把产品与服务提供给顾客。海星型组织会创造出社群，使每位成员都会为组织增添价值，因此组织得以蓬勃发展。

（3）能带来益处的是无序，不是结构严谨和有条不紊。

在海星型组织里，最有创意、最有价值的构想，通常是从开放的环境中浮现出来的。学习接受无序，并找出务实的方法来凸显最杰出的构想。只要拥抱无序，就能领先潮流。

（4）要让所有成员都有机会分享自己拥有的知识。

在高度分权的组织中，知识是平均散布的。事实上，最有用的知识，通常是由第一线成员发现的，因为他们和顾客面对面接触。建立一套方法，让成员能够获得其他组织成员已经拥有的知识。这么一来，许多工作就不必浪费时间从头来过。

（5）允许所有成员贡献自己拥有的知识。

人类内心有种本能的渴望，希望自己能够作出有意义的贡献。建立方法、提供工具，让成员能够同心协力，实现公司的目标。人们都喜欢分享自己拥有的知识，然后看到自己提供的信息和知识能够被有效运用。

（6）如果想正面迎战海星型组织，不要先想着要除去该组织的领导人。

除去海星组织的领导人，到头来只会有越来越多的人继之而起。如果切断海星的一只脚，海星会再生出一只脚，而且被切除的脚还会长成一只新的海星。除去分权组织的领导人，结果只是在制造机会，让新的领导人能够接任，这对自己一点帮助也没有。

（7）催化者是海星型组织中最重要的角色。

想要对抗海星型组织，就要设法把催化者转变为临时的首席执行官。要让分权组织落入险境，这其实是唯一的办法。催化者在组织中的角色，一部分是建筑师，一部分是啦啦队队长，一部分是观察员。因为催化者真心关心组织成员，所以能够凝聚成员的向心力，并且让组织保有充分的活力。要想改变，就要密切注意催化者这个角色。

（8）要打击海星型组织，剩下的方法就是尝试改变组织的共同信念。

如果可以让组织背离基本的共同信念，该组织就会分崩离析。想要改变分权组织，就要改变组织成员的基本共同信念。不过，这一点通常很难办到。

（9）评估绩效，并且观察海星型组织内部的状况。

不要因为组织结构不清晰，就认定自己无法追踪该组织目前的状况。在这种状况下，“差不多正确”要比“完全错误”好得多。不要想破头去研究这个海星型组织有多少成员，要反过来追踪下列几项可以衡量的状况：

◎该组织的社群有多活跃？

◎各个社群的状况如何？

◎组织成员彼此的沟通方式如何？

◎社群的规模和影响力是不是还在成长？

◎该组织分权的程度是越来越高还是越来越低？

（10）如果无法打败海星型组织，最好就准备加入其中。

想要持续满足顾客需求，就要勇于采取混合式的运营模式。

关键思维

网络时代，分权将持续改变行业与社会的发展。对抗这股改变的力量基本是徒劳无功的，不幸的话还会适得其反，但是我们可以善用这些力量带来的无穷助益。只要问问那些音乐档案分享软件的使用者、Skype 的用户、eBay 的卖家、维基百科的投稿人、Craigslist 的社群成员、正在康复的酗酒者，或是任何一位曾使用网络的网友，就能了解分权的益处。的确，分权组织乍看之下好像一团混乱，但是当我们开始了解到这种组织的潜能之后，原本看似没有秩序的组织，却成了有史以来最强大的势力。

——奥瑞·布莱福曼　罗德·贝克斯特朗

找答案？问大家就对了

The Wisdom of Crowds

Why the Many Are Smarter Than the Few and How Collective Wisdom Shapes Business, Economies, Societies and Nations

原著作者简介

詹姆斯·索罗维基（James Surowiecki），《纽约客》专栏作家，也曾在《纽约时报》《华尔街日报》《艺术论坛》《连线》《石板》等报刊上发表过大量文章。

本文编译：傅振焜

主要内容

主题看板

集体智慧的两大关键词

1. 集体智慧

广义上说，集体智慧是指共同作出的比任何个人甚至专家都明智的集体决定；换言之，集体智慧就是广泛搜集每个群众的观点意见、观念与建议，再汇总出共同的答案或解决方案，而这个答案实际就是群众预测的平均结果。在自然界中，有许多小昆虫的生活行为也都是集体智慧的一种表现。澳大利亚国防科学技术委员会的科学家们通过研究发现，大多数的昆虫天生便多才多艺，并且对环境具有极强的适应性，而且这些昆虫往往都是集体活动，遇到状况时，便采用集体智慧来解决问题，如蚂蚁搬家、蜜蜂筑巢等都是集体智慧的表现。

在人类社会化的过程中，集体智慧的运用是

知识管理的根本目的，以提高人类对环境快速变化的应变能力和创新能力，实现知识的共享与转换。在企业界，知识管理是一种全新的管理思维，既继承了人本管理思想的精髓，又结合现代新经济形态的特点予以创新。此外，知识管理重视领导方式的转变，时常需要新型的领导方式，让每个成员都有参与领导的机会，领导层也要借此不断学习，以提高组织的竞争力。未来，领导的趋势将会是集体领导，每一位员工都得为企业发展献力献策，成为管理层的一分子。集中全体员工的智慧，统一员工的工作方式，彻底发挥集体智慧的功效。

2. 信息自由流通

人力发展中心调查显示，人们对于工作的了解，只有30%来自正式培训课程，而其他70%是在非正式场合中——咖啡机前、会客室、会议空当，或跟同事闲聊学来的。因此在企业组织内部，组织的目标方向、财务报表和工作方式等相关信息的流通程度，可以决定一家企业成功与否，即企业组织的信息流通越自由、组织体系越透明，企业的发展也越平稳快速。

被美国《商业周刊》誉为“管理上的麦加圣地”的春田再造公司，其著名的“开放式管理”便是企业信息自由流通的典范。开放式管理就是秉持“股权共有、红利共享、生计共担”的理念，和员工分享财务信息。透明公开的财务数字，除了可以让领导人进行有效的账务管理，更重要的是可以使员工从中了解公司的运营状况；而配股则是鼓励员工“为自己赚财富”，让每位员工有参与感，觉得自己是组织团队的一分子，从而产生团队精神、提高组织的生产效率。

5分钟摘要

集体见解胜于个人智慧

集体见解（群众的智慧）往往胜过个人智慧，即便是聪明才智如首席执行官或企业领袖这样的精英也不例外。只要集合众人一起思考、一起执行，往往就能作出比个人决策更好的决定，找出更好的突破点，更有效地解决难题，更准确地预测未来。

乍听起来，我们会觉得这种观念怪怪的，因为我们生活在尊崇专家的时代。即便是大群人集思广益得出了明智的决定，我们也往往会把成就归功于群体内少数聪明人，而忽略了群体展现的智慧。但是，这种归功于群内少数聪明人的想法是有问题的。我们应该集思广益，而不是找寻一个万事通的专家。不要认为群众都是盲目愚昧的，一群不同背景的人集合起来，就能比个人决策更有智慧，不论那个人有多聪明。

若你需要明智的决策，别找什么专家了，去问大家的意见吧。群体往往能作出较好的决定。

一　什么是集体智慧

集体智慧是指群体有能力共同作出比任何个人甚或专家都明智的决定。

集体智慧的本质是，广泛搜集每位群众的知识信息及对问题的答案，再汇总出共同的答案或解决方案，这个答案实际就是群众预测的平均结果。

集体智慧和广被接受的专家决策模式迥然不同；对专家决策如此推崇，是因为我们能够看见某个人过去依据专业与知识，正确判断的各项纪录，心理上就把这样的成就无限延伸到未来。

集体智慧就是寻求整个群体的看法，而不是由专家决定。

在某些时候，群众是很有智慧的，而且往往

比他们当中最聪明的人还更富智慧。群众不须由明智之士主导，就能展现群体的智慧。即使群众大多没有见多识广或聪明绝顶，但还是可以通过集体决议达成睿智的决定。这种集体智慧（群体智慧），正以多样的形态在世界各个角落运作。

案例研究 1：挑战者号航天飞机的灾难

1986 年 1 月 28 日 11 点 38 分，挑战者号航天飞机从佛罗里达州卡纳维拉尔角基地升空。74 秒后爆炸。8 分钟后，这场灾难上了即时新闻，投资人马上抛售建造航天飞机的四大承包商股票：

◎罗克威尔公司——负责航天飞机机体与主引擎。

◎马丁·马丽艾塔公司——负责航天飞机的外挂燃料箱。

◎洛克希德公司——负责地面支援。

◎莫顿聚硫橡胶公司——负责固态燃料助推火箭。

在爆炸失事后30分钟内，洛克希德的股价跌了5%，马丁·马丽艾塔股价（现已并入洛克希德）跌了3%，罗克威尔股价跌了6%，而莫顿更是因庞大持股人竞相抛售，造成股市不得不暂停交易，当天股市收盘前，又恢复了交易，莫顿的股价大跌了12%。

事实上，股市行情几乎就判决了莫顿公司要为挑战者号爆炸事件负主要责任的结果，而这将对该公司未来的收益产生连带影响。果然，在之后几天，其他3家承包商的股价都慢慢回到先前价位，但莫顿公司的股价却未见起色。

6个月后，调查委员会公布结论，助推火箭上由莫顿制造的O型密封圈在寒冷气候下发生性能故障，是挑战者号失事的原因。委员会判定莫顿公司对这次失事负责，其他3家公司则不用负责，这正如6个月前股市投资人推断的一样。

由于投资人的判断如此准确，所以调查人

员睁大眼睛仔细查看所有细节，以便弄清是否因莫顿人员早已知道是公司责任而告知大众，大众才判断得如此准确。但他们并未找到任何证据足以显示莫顿主管人员可能早已知道公司必须负责，而偷偷走漏风声。他们也未找到任何证据，有人大量出售莫顿股票，而买进另外3家公司的股票——如果出现这样的状况，就表示有内线消息。事实证明，大众的决定半点都不差。

案例研究2：搜救“天蝎”号核动力潜艇

1968年5月，美国核动力潜艇“天蝎”号失事下沉时，美国海军焦急地进行搜救。但海军只知道，在最后一次无线电联络时潜艇报告的方位，以及联系后可能航行的距离。为了确定潜艇的精确位置，负责的海军官员成立了搜救小组，成员来自四面八方，有数学家、打捞人员及潜艇专家等。海军官员要求每一位成员推测潜艇的最后位置。结果，潜艇的最终位置，并不是先前团队中任何一个人根据自己专业判断所推定的位置，而是集体判断所推算出的位置。“天蝎”号潜艇失联后 5 个月，一艘海军舰艇找到了它——离搜救小组所预测的位置只有 220 米。

二　集体智慧可以解决的问题

集体智慧大致可以解决认知问题、协调问题和合作问题。

1. 认知问题

认知问题会有一个明确的答案，即使没有一个正确答案，至少可以确定某些答案比其他答案更好。这类问题诸如以下：①哪一队会赢得今年超级杯美式橄榄赛的冠军？②我们可以合理期待，在未来3个月能够卖出多少新产品？③我们的社区游泳池盖在哪里比较好？

2. 协调问题

协调问题必须靠大家集思广益，因为大家都需要知道如何跟其他人协调配合。对于这类问题，正确的答案不只是看你怎么想，还要看你周围每一个人怎么想、怎么做。协调问题诸如以下：①买卖双方如何找到对方，然后以双方同意的价格安排交易？②在交通拥挤的情况下要如何安全驾驶？③公司如何有效地组织经营业务？④什么时候离开办公室不会碰到交通拥挤？⑤为何不把热门电影的票价调高点，把冷门电影的票价调低点？

3. 合作问题

一般人大多比较“自私自利”，因此必须通过和其他人共同合作，找出对每一个人都有利的解决方案。乍看起来，合作问题跟协调问题很相似，两者最关键的差异在于，合作问题会要求每一个人放开心胸，不要只追求狭隘的自我利益。合作问题诸如以下：①我们该缴多少税才合理？②我们怎样处理污染问题？③一天工资多少才算合理？

群众智慧有一个特点是，即便我们随时随地都看得到群众智慧的效应，还是很容易忽视这项群体能力；即便注意到，也难以接受。大多数人相信，有价值的知识都集中在少数人手上（更准确地说，少数人的脑袋里）。大多数人以为，解决问题或作出最佳决定的关键在于，找到一个有答案的人。其实，追逐专家是一种错误，而且是代价高昂的错误。

案例研究3：纽约证交所首席执行官格拉索

2003年媒体爆料，纽约证交所首席执行官格拉索的薪资和提前支领的退休金竟高达1.395亿美元，这引起一片哗然。有人觉得大众的反应难以理解，因为纽约证交所是花自己的钱；再者，即使让证交所拿回格拉索的部分钱进行其他投资，也未必是比较明智的决定。况且，指控格拉索对其他人未必有什么好处。

但问题是，大众觉得格拉索的工作不值这么多报酬。格拉索的报酬其实和华尔街其他首席执行官差不多，大众本身就觉得这些首席执行官的薪资待遇高得离谱，只不过格拉索被曝光，因而成了众矢之的。

在2003年9月，当初同意格拉索薪资待遇的董事会要求格拉索辞职下台。大众的愤慨和舆论的压力，使得董事会无法让格拉索继续担任证交所最高领导人。结果，格拉索便成为美国有史以来第一位因为薪资太高而被炒鱿鱼的首席执行官。

案例研究4：Linux操作系统

1991年，芬兰一位电脑黑客林纳斯·托瓦兹自行研发了一套操作系统，他称其为Linux。托瓦兹公布了原始码，这样任何人都可以看见他研发了什么东西。他在公布原始码的同时，附上了一则简单的附注："如果你的杰作可以自由流通，我会很乐意看到，这样我就可以把你的成果加进这套系统。"

没多久，就有数千名来自世界各地的程序设计师纷纷投入改善Linux的工作。更令人惊讶的是，不仅这些程序设计师义务付出，而且Linux这套系统也不归任何个人拥有及掌管。唯一需要做的就是如果有人主动开发了不错的解决方案，就把它加进操作系统里。人们只会全心投入自己感兴趣的事，没兴趣的事情就不大理会。Linux并没有一个管理团队负责开发，也没有一个组织机构去分配具体职务。Linux的发展之路，是世界各地各式各样的人义务铺就的结果。

虽然这种开发电脑软件的方式似乎是有些靠运气，但是Linux如今已成为世界最大电脑操作系统开发厂商——微软面临的最大挑战。

关键思维

令人惊讶的是，似乎有源源不断的程序设计师愿意贡献他们的智慧来改善系统；程序设计师的来源及背景丰富而多样，人数又多，所以不论系统有什么问题，都会有人及时发现，也都能找出修补的方法。在这样的运作方式下，Linux其实并未偏离市场机制太远。毕竟，Linux也是由成百上千的程序设计师花时间来找出解决方案，而且只有少数人能够成功，这表示很多人投入的时间都被浪费掉了，Linux 有资本优中评选。就像自由市场能产生大量可供选择的替代方案或替代品，然后通过市场筛选出维持企业持续成长的关键产品或要素；Linux 可供挥霍的研究时间就是一种优势，是追求利润的企业难以望其项背的优势。

——詹姆斯·索罗维基

三　高智慧群体具备的条件

1. 多元的意见

群体中每一个人都应该能独立思考、行动，即使有些想法是一些人根据自己的知识得出的怪异想法。群体成员的特质越多元，集体智慧就会越有活力。理想的情况是群体中的每一个成员，在集体决策时都能够从他个人的角度提供信息与想法，同时能够包容不同的意见，也能让其他人比较愿意说真话。

2. 独立的主见

每一个人都应该能够轻松自在地表达心里真正的想法，不会受到周围意见的影响。换言之，一旦群体的“从众心理”弱化时，各个成员才会表达他们真正的想法，不再人云亦云，此时集体智慧才能够提升。个体的独立见解很容易受到影响，必须尽力去保护，因为没有个人独立的见解，就不会有明智的集体决策。

3. 认真的思考

群体的每一分子都得把他个人的专长运用在决策上。值得注意的是，有特殊专业知识的人才，不一定只针对自己领域的决策发表意见，也可以在其他领域决策时提供意见。实际上“决策分权”是指，让群体中的每一个人都尝试，用他们自己的方法解决问题，而不是由上而下指挥他们该怎么想、怎么做。这样作出的集体决策才会更全面，也更适用。

4. 汇总集体决策的机制

群体必须有一个可行的机制，能够搜集、传达集体的意见。譬如，群众必须能够以投票或其他某种明确方式表达意见，让这些个人意见集合成为一项集体决策。

关键思维

如果一个群体能满足上述这些条件，群体的集体判断就会比较正确。为什么呢？实际上，这是一个很简单的数学概念：如果你请一大群相互独立的个人共同参与一项预测，然后取这些估计值的平均数。你会发现，最后得出来的结论，是把每一个人的误差都相互抵消掉了。每一个人的推测都包含信息与误差。误差相互抵消掉了，便留下信息。

——詹姆斯·索罗维基

知识发展或许得依靠未受过正规训练的普通人集思广益，依靠受过高等教育的专家未必牢靠。同质性高的群体在他们的专长上表现杰出，但同时他们也变得越来越僵化。

——詹姆斯·马奇

四　集体智慧的实际运用

1. 集体智慧与交通堵塞

如何降低城市堵塞，让道路更畅通？集体智慧建议是，收取道路拥堵费，及运用简易的交通流量管理技术。

自 2003 年 2 月起，伦敦市开始向驶入市中心的车辆收取一天 5 英镑的费用。这是为应对长久以来伦敦市中心街道交通堵塞的问题而出的政策。虽然这项方案在规划阶段遇到不少阻力，但现在证明这项措施非常成功。虽然路上还是有很多车，但是大家开始考虑这趟行程究竟值不值得付出 5 英镑，所以伦敦的交通确实改善了很多。此外，收取的交通拥堵费被指定用于发展一套更好的公共运输系统——能够为伦敦居民或流动人口创造双赢的解决方案。实际上，现在伦敦的交通状况比以前好多了，因为人们已经习惯考虑通行费了。

收取道路拥堵费的重点不在于阻止人们开车，因为从经济观点来看，道路空空荡荡未必会比道路繁忙要好。收取道路拥堵费的重点在于，促使人们在自己开车的好处与造成他人不便的成本之间取得平衡，让大家能相互协调彼此活动的空间与时间。

交通工程师同样花了很多时间与金钱，评估如何使高速公路的交通流动更有效率。这是一个典型的协调问题：驾驶人努力遵循一些简单的规则，譬如别撞到前车，可以变换车道时才变换车道，在安全的前提下尽可能开快等，同时根据道路其他使用者的情况，调整自己的行为。有一种办法是运用科技手段减少人为判断与潜在的差错，譬如利用装设自动驾驶电子装置的新型车。另一个选择是，建造智能高速公路，通过远程遥控管理车辆行驶。但是，这种办法不大可能被接受，因为这是由上而下（也是很花钱）的解决办法。已经有人提出一种更实际的构想，可以把高速公路的交通流量管理得更好，就是在匝道上设置智能红绿灯。只有在有适当行驶空间时，这种系统才会让车辆进入高速公路。另一种构想是让车辆配置一种简单的驾驶辅助系统，这是一种简易的雷达系统，当前后车辆太靠近时，就会向驾驶人发出警告。这种驾驶辅助系统可以使交通流动更顺畅，驾驶人也可以避免总是急煞车。

高速公路上的协调问题这么困难，其中一个原因是驾驶人有千百种。多样性既是良性决策不可或缺的要素，但也可能使协调问题难上加难。

2. 集体智慧与科学

科学是集体的活动——即便在没有任何人负责领导的情况下，群体依然不断进步。群体的进步来自科学家持续分享不同的发现，与社会大众分享自己的心得，使得大众能够充分运用这些新发现。这是集体智慧在实践上的最佳范例。

在 2003 年 SARS 病毒肆虐时，世界卫生组织参与救援，并在法国、德国、荷兰、日本、美国、新加坡、加拿大、英国、中国内地、中国香港等地，总共设置了 11 间实验室，组成一个研究网络，共同合作分析 SARS 病毒，然后找出可靠的疗法。尽管没有任何人负责主导规划，但这项计划依然成效斐然。世界卫生组织只居中协调信息的分享，并未试图插手研究，而是让每个实验室自己作决定。

很多科学领域也是在没有中央组织插手的情况下，以类似方式运作而不断进步。科学是集体的事业，因为科学家公开发表他们的研究成果，使得这些研究结果能够受到同行检验，这样其他科学家才有机会重新实验，更正错误；或者建构新假设，找到新结论。

那么，科学家投身研究是为了什么？一言以蔽之，获得认可。科学家希望赢得他人的认可，科学就在这样的情况下发展起来，使得科学家在追求个人认可的同时，也惠及他人。科学通过燃起科学家追求自身利益的热情，让许多新奇有趣的发现得以不断出现，最后汇聚成对每一个人都有益的公共知识。这个过程，并没有一个科学领袖在指挥他们什么该做、什么不该做；也没有政府坐镇，决定哪些观念该追求、哪些没有价值。科学家自利的行为对集体是有益的。

未来科学的挑战是：现今，有越来越多的基础研究是由企业资助，但企业为了维护经济利益必须封闭信息。相对于政府补助或公共资助，企业资助来源是否会根本地改变科学未来的进步，仍有待观察。

科学本身要求科学家之间必须有一定程度的信任——即便科学家彼此相互竞争，也会光明正大地交换数据资料寻求共同合作。科学不但有赖于不断补充的公共知识库，还有赖于对科学社群集体智慧的绝对信任，以辨别各项假设究竟值不值得采信。

3. 集体智慧与会议

社会一般利用委员会或小组形式解决重大决议。陪审团判决刑事案件、董事会决定公司策略，都是通过集体会议达成决议。对大众决议的挑战是，如何组织安排才能有效利用集体智慧，使其不受拘束。

小组决策的运作模式其实很复杂，很少有组织的小组决策能运作良好或协调一致。平常我们总是看到，小组决策往往深受说话最大声或最具权威的成员影响，不管这个人讲得有没有道理。一般来说，小组的形式通常只能发挥相加的效果，尚不足以形成集体智慧。

增加小组效能的关键点是，要从开放的精神开始，而不是从小组领导人个人偏爱的结论开始，这样才能鼓励大家热烈地辩论。换言之，从事实根据开始，然后推向结论，不应以偏爱的结论为起点，然后不断找证据穿凿附会，而忽视其他证据。此外，大家对于自己知道什么、不知道什么要能够诚实以对，这种态度对增加小组效能会有所帮助。

任何隐含假设都开诚布公地讲清楚，也有助于小组效能增加。例如，如果每个人都假设小组的建议或结论最后绝不会落实，那么成员参与的热情就会降低。同样，若小组偏爱共识，不喜欢不同的意见或偏爱快速达成协议，不喜欢热烈讨论，那么就比较难发挥集体的智慧。小组该如何对待少数意见？如果完全忽视异议者，让他们没有发声的机会，那么便无法展现群体智慧。每个小组都需要能够强力提出及拥护少数观点的“魔鬼拥护者”。

小组也需要多样化的成员才比较有效能。理想的情况是，小组或委员会包含许多不同领域与背景的人，这样他们能有效避免偏袒某种看法。也就是说，大家比较能抗拒顺从他人意见的压力。再者，如果小组成员个个有智慧，那么大家就不太会想“搭顺风车”，跟随其他更聪明组员的想法；每一个人都会充满自信地提出自己的想法，独立思考问题。

我们常不自觉地忽略或弱化小组在制定政策或决策上的作用，这其实是一种错误。许多有力的证据显示，不偏执的团体能共同作出比个别成员决策更好的决定，找出更好的答案，团体往往会比最聪明的成员更有智慧。团体决策并非天生就效果不佳；若做得好，小组讨论会很有价值。小团体确实是比最聪明的成员更有智慧。

4. 集体智慧与企业

谁决定公司重大决策？如果这个权力全由首席执行官一人独揽，那么公司就无法受益于集体智慧。企业真正的挑战是，如何找出充分利用集体智慧的有效方法，而不是浪费了这项资源。

虽然企业在市场活动，但是他们实际上利用非市场工具，比如事业计划、组织层级、控制等，尝试实现他们的目标。这就带来了一些企业需要面临的问题：①什么活动我们应该委托外面执行，什么活动我们应该在公司内部完成？②同时和多家相互竞争的供应商合作比较好；还是只跟少数几家厂商合作，把他们当成事业伙伴，协助他们充分了解我们的商业模式，会比较好？③我们该不该仿效好莱坞电影工业的模式，将所有的工作都通过项目小组完成，任务结束后就解散小组？④利用由上而下的层级关系作策略性决策，会比较有效率；还是由面对客户的基层向上呈报决定，会比较好？

没有任何一种组织模式，可以提供理想的办法解决以上所有问题，或许充分运用组织的集体智慧可以较好地解决问题。企业一般会运用3种组织模式：①由上而下的组织层级——员工不需要有疑问，也不需要贡献意见参与决策，完全遵照管理层的指令办事。发展小型事业单位或团队——使团队协同合作，结合大家的意见达成目标。③按计划建立项目小组——精选一批人才，集合起来共同致力于完成某项计划，任务完成后便解散。

现在有些企业开始试图结合这3种模式，通过结构良好的组织，让负责处理日常工作的各小组密切合作，并随时按需要加入小组以外的专业人才。企业集团在遭遇棘手的市场问题时，通常会采取垂直整合的方式救济，通过层层管理，各个层级各自负责自己的下属层级。在这种情况下，集团内部上下之间实际上没有办法实施集体决策。或许有时曾尝试建立共识，但那不过是“一团和气地寻找最小公倍数”，而不是真正想尝试共同思考有创意的解决方案。

实际上，企业组织集合人力协同工作的唯一理由是，团结力量大，大伙儿一起努力，会更有生产力，也更有智慧。为了发挥集体工作的优点，需具备4个条件：①自由流通正确且拥有最新的信息。②重新设计红利及激励制度。③消除僵化的管理层级，分散决策权力。④允许好点子由下而上产生，而不是去寻找一个超级英雄式的首席执行官，期望他一只手撑起一片天，作出所有明智的决策。

那么，如何才能充分发挥组织的集体智慧？关键在于有一个好的机制，让大家可以听到集体的声音。为了达到这个目的，有很多公司建立了自己的内部意见市场。在内部意见市场里，来自组织不同部门的员工，各自陈述他们认为未来可能会发生的场景，然后其他人便在这个市场里买卖，买进他们认为最有可能发生场景的股票，卖出不可能发生场景的股票。通过这种方式，让员工明确表达他们对未来发展的想法。

意见市场是个很好的创意，因为这个做法避开了多数企业阻碍信息流通的问题：政治斗争、拍马屁、官大学问大等的弊病。市场上匿名买卖的机制，要求有明确的解决方案，并且会有明确的激励机制督促大家动脑研究信息，然后据此行动。这样一来，意见市场的价值就具有真实性和可靠性。

5. 集体智慧与市场

股市是否能够顺畅运作并发挥应有的效能，经济学家当然希望答案是肯定的。但在现实世界里，有太多复杂的因素相互干扰。结果，市场始终无法正确反映或衡量股市的真正价值。

投资人往往觉得有听从市场的必要。他们宁愿追随市场的脚步，也不愿自己决定。他们愿意相信其他投资人的意见。这样做的结果是，近期引人注目的事件容易受到大家高度重视，但却忽略了长期的趋势。

很多投资人被各种巧合所迷惑。他们相信，能几个季度都表现良好的投资经理人，必定是已经看透市场的权威专家。就这样，他们信任的投资经理人怎么说，他们就怎么做，自己不再去思考。

投资人喜欢做多，不喜欢卖空（预期股价未来会下跌，将手中股票按目前价格卖出，待行情跌后买进然后赚取中间的差价）。卖空者总是被嘲笑或怀疑，所以很多人自然偏好成为长期投资者，即便整个市场环境很不利。

很多投资人过于自信，总以为操作顺利是自己技术高明，操作失利则是运气差。因此，他们每年都大幅调整股票投资组合，但这只能让自己背负更多不必要的手续费罢了。

很多时候，股市都是由情绪所支配的，而不是通过理性分析，所以股价便会出现异常。在诸如 20 世纪 90 年代网络泡沫等非理性繁荣的例子中，这种现象就很明显。

并没有一个准确的方法可以确定在某个时间点，某家公司的股价是对的还是不对的。

当你买进股票，期望下一阶段能高价卖出以赚取利润时，你必须找到比你更狂热的买家，他愿意付出更多价钱买你的股票。但之后你是不是真的能顺利卖出，要看市场的反应，所以市场是很重要的。这跟你买东西并不是同一回事——你愿意付出的价格，完全依赖使用商品时你获得多少效用，而非别人的看法。

财经新闻常常用大量信息轰炸投资人。部分较有影响力的媒体，往往不是在报导或评论事实，而是为达到报道效果特意渲染，结果无意中影响了股市走向。这种情况使得投资人买卖股票都不看公司基本的变化，而是看媒体说了些什么。

总的来说，只有在提升群众智慧的那 4 个条件出现时（多元的意见、独立的主见、认真的思考、汇总集体决策的机制），股市才能够成为正确反映价格的机制。投资人越是能够抗拒从众、跟风的心理，市场的集体决策机制就会越健全、越有智慧。

6. 集体智慧与民主

民主是指影响每个人的重大社会议题，都经由集体决定。民主政治的决策结果，或许未必能确切反映群众的智慧，不过采用民主决议这项决定，的确反映了群众的智慧。

代议制民主有 7 点本质：①政治人物可以专攻自己管辖领域的知识作出明智的决策。②人民可以每隔一段时间监督政治人物的表现，根据他们的效能决定其去留。③必须有良性的竞争与很大的选择空间，才会促使政治人物作出好的决策。④每个人可以自由决定，是要基于自身利益而投票给某人，还是要基于其他方面而投给他人。⑤要使公共利益与私人利益得到平衡。⑥人们会依照自己的认知决定投票支持谁，因此集体决定必然会在一定程度上，反映出社会的一般现状。⑦信息必须准确且流畅，民主才能有效运作。

民主政治是一种有效利用群众智慧的治理模式。没有任何证据显示其他的治理模式，如独裁专制、贵族政治、精英统治等，可以作出更好的决策，而且这些治理模式更有专权风险。此外，民主政治也能够让集体决策的机制随时间发展纯熟，不断开发出更好的解决方案。

关键思维

民主并不是一种改变认知的方法，或是展现公共利益的机制，而是一种解决（即便不是一次解决）最基本公共问题的办法。这些问题包括：我们要如何共同生活？我们如何共同合作以获取利益？民主之所以会帮助人们解决这些问题，是因为民主能够让人们了解到：每个人不可能得到所有自己想要的东西。民主会让你心甘情愿地看着对手获胜，拿走你想要的，因为你相信他们不会摧毁你珍惜的事物，而且你知道自己将来还有机会得到想要的东西。从这个意义上来讲，健全的民主会让公众了解妥协（社会契约的基础）与改变的价值。

——詹姆斯·索罗维基

五 设计合理制度，汇集集体智慧

有个上市公司的老板，平时为人十分严谨，不苟言笑，有次他想改变现场气氛，故作轻松地跟全公司员工开了一个玩笑：“我明天就打算退休了。”话说出口后，全场竟然没一个反对，还响起了如雷般的掌声。那个上市公司老板也只好不情愿地完成交接仪式。事后经了解，才知道并不是所有员工都赞同这个老板提前退休，而是因为长期养成的服从习惯，让他们不知道如何说“不”。

虽然这只是一则笑话，但是很多企业都有类似的情况，尤其是家族企业。家族企业的老板往往是握有最多股权的大股东，高高在上，老板说的话就是圣旨，要在这种氛围下，培养集体智慧是高难度的挑战，只要不是“一言堂”，就算是不错了。

集体智慧发挥的困境不仅发生在企业里，在学术机构乃至社会的每个角落都有可能发生，因为面对专家的意见，多数人都有种莫名的恐惧，为了避免犯错，宁可人云亦云。

1. 不要迷信专家

《别闹了，费曼先生》一书中，曾经提及诺贝尔奖得主费曼面对专家时不卑不亢。故事内容是，有次费曼经过一家油漆店，正好看到老板在调油漆，一时兴起，就问老板黄色的油漆是怎么调出来的，结果老板回答说，用白色和红色的油漆调就行了。对于老板的话，费曼大惑不解，心想："用这两种漆调出来的颜色应该是粉红的才对。"为查明真相，结果他真的买了红色和白色的油漆回去做实验，证明调出来的颜色确实是粉红色。于是他提着调好的油漆重新回到油漆店，老板看了粉红色的油漆一眼后，只说了一句话："是这样调的没错，不过，之后要再加上黄色的色素才行。”对于费曼的好学，我很佩服，对于他敢于向专家挑战的勇气，也深受感动。我们从中得到启发，要发挥集体智慧，要勇于向专家挑战才行。

还有另一个发挥集体智慧的例子，也颇值得参考。妇科癌症是所有癌症中早期治愈率比较高的一种癌症。为发挥集体智慧，长庚医院打破“主治医生就是专家”的传统思维，将妇产科、放射科、肿瘤科、病理科、检验科的医师齐聚一堂，让他们针对每个妇科癌症的个案进行讨论。结果通过不同角度的辩论后，病人基本可以得到最合理的治疗。这种做法似乎与强调名医驻诊的大医院宣传手法大相径庭。

2. 集思广益

以中兴保全公司（以下简称“中保公司”）为例，我在中保公司服务的26年间，一直有人问我，为什么中保公司能够和日本SECOM株式会社维持良好的同盟关系？很多台湾企业在引进日本技术后，为节省所谓的加盟金或是技术授权费，往往没多久就和技术伙伴散伙。但是中保公司在思考同盟关系时，并不是光从取得技术的角度着眼，若是光从取得技术的角度出发，可能半年后就没什么可学的了；但若是从取得管理经验的角度出发，长期合作与经验交流就显得尤为重要，两家公司所发挥的集体合作智慧，对于中保公司来说，获益着实比付出多。中保公司并不是一开始就跨入家庭保全的市场，当初就是看到日本 SECOM 株式会社花了很多年时间，才站稳此市场，在与日本 SECOM 株式会社多次会谈后，才领悟到家庭保全市场必须要等到客户协调能力达到某一水平，才能够顺利跨入的道理。光是这一点领悟，就足以让中保公司少走不少冤枉路，省下好多冤枉钱。

作为台湾地区首家家庭保全公司，中保公司也是一步一个脚印地在摸索道路，但是伴随着员工人数越来越多，以及各部门林立，沟通越来越难，要汇集集体智慧的难度也越高。就以销售业务而言，中保要成就一个新客户，必须从陌生客户拜访起步，待客户同意后，才能进一步进行现场调查，并就材料、施工费进行报价，一切没问题之后，才能付诸签约，至此，业务工作才算告一段落。紧接着由保全人员接手，派人展开施工前的检查、施工、验收、开通、付费等流程，初步核算涉及的流程至少就有 10 个，中间可能涉及的冲突更是不可预测。

为了汇集两部门的智慧，中保公司特别在流程中加设了现场调查这一环节，就是希望将业务、保全两个不同部门的意见集合起来，找到一个双方都可以接受的方案，如此一来，即可以减少不必要的冲突。为了让集体智慧可以达到极致，中保公司在员工参考范例中，还根据不同的平方米数估算施工费用，并定出规范。有了这个共同规范后，不同的部门在遭遇到沟通困境时，都可以回归到员工规范，寻求共识，使问题及早解决。

3. 净变动绩效考核制

要发挥集体智慧，还有一个要点，就是必须让大家都站在同一点上进行沟通。因此公司在设立之初，就将创业原则标示出来，包括采取预收制、不削价竞争、以租赁为主要运营模式。除此之外，为了让不同部门更能达成共识，中保公司还特别拟出了全新的净变动绩效考核方式。

所谓净变动绩效考核制，有别于以往纯以业绩为导向的考核制度，除要求业绩要步步高升外，还要求解约率要低。在此项新制度被采用后，业务部门考虑到，如果推销的产品或服务对顾客来说不适用，可能有被退货的风险，因此就不会盲目地发展客户，给客户推销一些不适用的保全器材，造成下游保全人员在执行上的困难。

近期，中保公司在流程上又有新创意，为了推出顶级服务，预定在台湾地区设立 17 个 security shop，希望朝社区安全百货的方向发展。由这些 security shop 就近提供社区安全相关的服务，并采取一人服务到底的机制。窗口统一服务后，不仅与客户的关系可以较为密切，同时也可以及时搜集到市场行情，开拓新的市场商机。

当然，要做社区服务，资料的搜集与建立最为重要，为了让集体的智慧可以不断传承下去，不致因为人员变动或是组织改变而流失，中保公司也要求各个 security shop 编纂出“HS 家族报”，以方便不同的 security shop 进行经验交流。此外，为了让其他部门的人员也可以了解到另一部门的工作模式，中保公司也通过教育培训让其他相关直属企业的员工，包括国云保全、国兴保全、国云楼管、立伟、立保、中保物流等，充分了解公司的产品，并将销售其他保全相关产品也列入其业绩目标。当然，有要求，就得要有相对应的激励，在这方面，中保公司也毫不吝惜地对员工进行物质激励，因此即使表面上看起来每个员工的业务都增加了不少，但是抱怨并未因此而增加；更重要的是，通过参与，大家花在沟通上的时间明显减少了。

你是强化型主管，还是弱化型主管

Multiplers

How the Best Leaders Make
Everyone Smarter

原著作者简介

莉兹·韦斯曼（Liz Wiseman），韦斯曼集团总裁，该集团专注于领导学的研究及发展，为高级主管提供领导意见咨询，并举办过多场吸引世界各地经营团队共同参与的策略及领导方式研讨会。韦斯曼曾任甲骨文大学的副校长和人力资源发展部门的全球主管，毕业于宾夕法尼亚大学沃顿商学院及杨百翰大学。

葛瑞格·麦克凯温（Greg Mckeown），韦斯曼集团的合伙人及里萨夫市场研究公司的董事。他曾在苹果电脑公司及惠普公司担任顾问，并为美商轩德管理顾问公司的资深合伙人。毕业于斯坦福大学商学研究所及杨百翰大学。

本文编译：邱约文

主要内容

5分钟摘要

强化型主管的5大修炼

有些领导者会榨干团队及下属所有智慧及创造力，因为他们坚持要做团体中最聪明的人，这种领导者可被称为“弱化型主管”。而另一些领导者则会引导下属取得最佳成绩，帮助下属成长，让下属变得更聪明、能干，这类领导者可被称为“强化型主管”。

强化型主管的生产效能远超过弱化型主管，他们知道如何发挥人才价值，懂得放手让下属独立思考，为团队带来适当挑战，鼓励众人辩论交流；并在投资下属才能的同时，培养下属的责任感。这就是创造最佳绩效的领导秘诀。

一项以35家企业、150位资深主管为样

本的研究显示，强化型主管的效应确实存在。具体来说，强化型主管的生产力至少是弱化型主管生产力的两倍；有时强化型主管带领下属取得的成效甚至远超过后者两倍。做一位强化型主管，将会收到明显而直接的回馈。

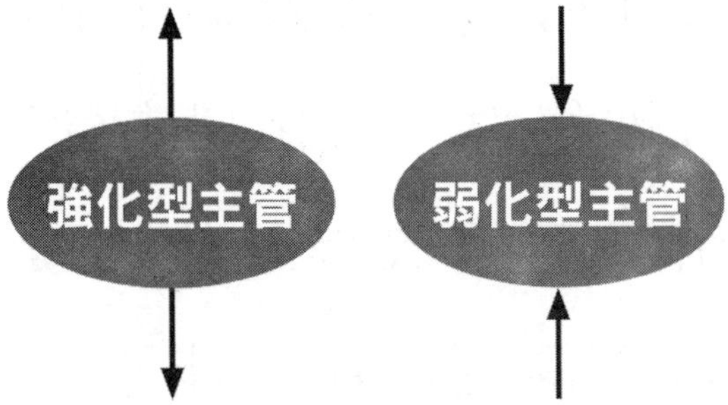

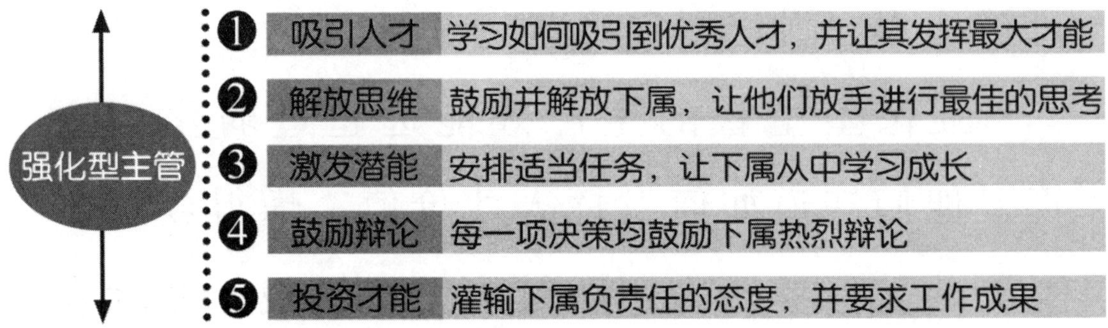

关键思维

吸引人才的领导者拥有强大的磁场，人才会受到强烈牵引而加入，然后充分发挥才能，并做好准备随时接受新挑战。与建立企业帝国的领导者共事，不会体验到这种刺激的过程，而是充满政治、掌控和限制。

——莉兹·韦斯曼

轻松读大师

一　吸引人才并发挥下属才能

强化型主管能够吸引人才，弱化型主管只专注打造专制的企业帝国。好的领导者就像一块磁石，能吸引一流人才，并建立好名声。反之，也有些领导者忙着建立个人领地或企业的专制帝国，对于他们而言，人才只是为达到目的的手段或工具。务必学习做一位吸引人才的主管，而非做一位打造自己企业帝国的主管。

1. 让 A 级人才晋升为 A^+ 级人才

好的磁石会让吸引力自我强化，循环不息。其模式大致如下：

1. A级人才愿意为你工作，因为他们在此能充分发挥长处，获得成长。
2. A级人才受到肯定之后，他们又会学到新的技能，而成为A^+级的人才。
3. 他们会增加自己的市场价值，未来将会获得更多机会。
4. 你协助下属学习成长的事实会为你建立起声誉，从而吸引其他的A级人才。

反之，建立专制企业帝国的领导者会经历一种恶性循环，情况往往如下图所述：

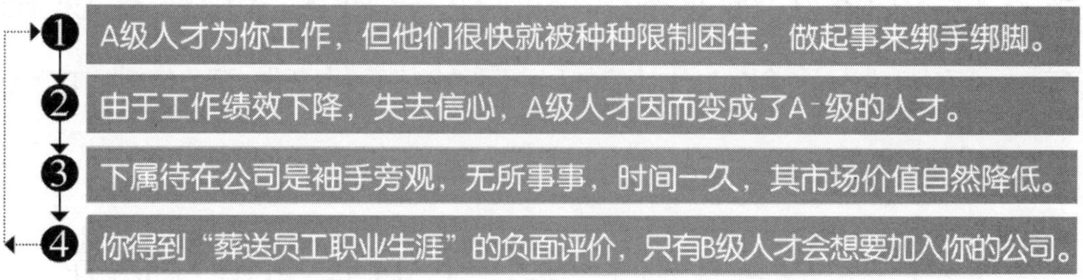

真正懂得吸引人才的领导者，不仅会设法让顶尖人才成长，也能让平庸的下属有更出色的表现，这种技巧和心态绝对值得培养。

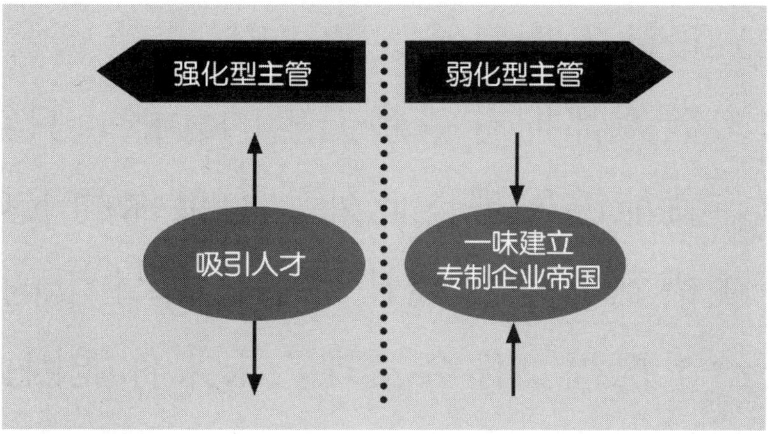

2. 发掘每个人潜在的天赋才能

要更有效地吸引人才，需熟练掌握 4 项基本技巧：

（1）养成随时随地寻找人才的习惯。

人才会以不同的形式出现。能吸引人才的领导者会忽略传统限制，而在一堆粗石中发现钻石。要想培养能随时随地寻找可被雕琢的璞玉的技能，需做到4点：

◎了解下属在哪些工作上的表现格外优异。

◎作出假设，以了解现象背后的原因。

◎实际测试你的假设是否正确。

◎规划出人才可提升的空间。

（2）设法发掘每个人的天赋。

大多数人都拥有一些天生的才能，只需要多加注意，就能够发现。此外，如果你的下属离开公司，跳槽到其他更能让他们发挥才干的地方，你也要给予祝福。你会发现，未来你能因此招聘到更多新的人才。

（3）创造实际的机会，充分运用下属的才能。

寻找机会，让下属的天赋能够完全展现及运

用。让下属表现杰出的才能，通常就在于将人才与适当的机会相结合，让人才发光发热，并积极表扬，让其他人都注意到。

3. 要有移除障碍的魄力

障碍，也就是会妨碍他人成长、阻碍他人有更好表现的绊脚石。每个公司都会有爱唱反调和以自我为中心的人，他们各有自己的问题。能吸引人才的领导者要协助下属有出色表现，方法之一就是移除“障碍物”，准备好在必要时搬开“石头”，也就是拔除优秀下属身旁的“杂草”。要让团队中的潜在人才有更好表现，就必须找出这些杂草，并当众拔除。

最后，在努力成为吸引人才的领导者的过程中，千万别让自己沾染到任何建立专制企业帝国的坏习惯。如果你开始出现一些情况，就要有所警觉，比如：一味担心无法取得资源——这种担心只会暴露你的焦虑，并没有实质作用；把下属束缚在条条框框内——人才明显没有任何摆脱条框的机会，这会使人才奄奄一息；关键的决策擅自敲定，而不向团队成员征求意见。

关键思维

我用的不仅仅是自己的全部脑力，还有能借来的全部脑力。

——伍德罗·威尔逊，美国第28任总统

二 解放人才的创意思维

强化型主管懂得解放人才，弱化型主管的做法则类似独裁者。要将下属从企业官僚体制下解放出来，允许下属根据自己的判断和逻辑分析来思考、发言及行动。这样你便可以创造出有利的环境，让最好的构想展现出来，并受到重用。

解放人才的领导者会创造适当环境，赋予下属充分的权力来发挥所长。

1. 解放职场，让下属自由思考

解放人才的职场需具备5个特点：①同事之间能在轻松自在的气氛下碰撞出新点子，并开诚布公地讨论，而不会认为这是对领导者权威的挑战。②下属就算在学习新技能及适应新环境的过程中犯错，也会感觉安心。③大家齐心协力相互讨论，让构想完善可行，不用担心公司的办公室政治。④参与讨论的所有人都愿意集思广益，来解决并处理复杂的问题，这些问题的答案通常也同样复杂。⑤没有人会推脱困难的任务，因为他们知道只要自己尽心竭力，就不会因失败而受到惩罚。

2. 独裁是企业成长最大的绊脚石

独裁者具备5个特点：①独裁者通常会制造紧张的气氛，大家都害怕说出自己的想法，因为领导者往往会给予负面且尖锐的回馈意见。②独裁者想要掠夺下属的工作成果，将下属提出的好点子归功于自己。③独裁者随时会用威胁的方式大行其道。④独裁者坚持下属要处处遵照自己的想法，对于周遭他人的提议则全然漠视。

总的来说，独裁者是难以共事的人，他们制造焦虑和压力，而不是生产力高的环境。这样的主管试图用一己之见与个人好恶来主宰职场。

要成为解放人才的高效能主管，需做到两点：

（1）创造职场空间。

允许下属摸索、实验，期望他们最终有所贡献。允许下属有新的尝试，并提出更好的做事方法。要清楚表明本公司唯才是用，只要是好的想法就会受欢迎，无论提议的人身份或职位高低。要实现这个目标，必须多花一点时间倾听下属意见，少一点时间自己滔滔不绝。要成为一流的聆听者，并以一致的标准和不偏不倚的原则行事，给大家创造一个公平竞争的舞台。

（2）要求下属尽力做出最好的业绩。

督促下属，直到他们实现目标。明确表示你期待每个人百分之百付出，但会区分个人的最佳表现与实际的工作成果。创造热烈的团队氛围，以激励下属每日尽力做出最佳业绩。

3. 允许及早发现风险，面对错误

（1）制造快速学习的良性循环。

允许下属有新的尝试甚至犯错，只要他们从中有所收获。实现这项目标的最佳方法之一，就是坦承自己犯过的错误。这样就能传达一个信息：只要不重蹈覆辙，就算冒险和失败也无妨，借此让每个人思考、学习及分析失败原因。应该抱持这种心态：下属在代价不高的时候，早一点、快一点失败反而比较好；不要等到代价高昂时再经历失败。或许你可以在与下属的定期会议上，讨论“本周的错误示范”。

（2）只在关键时刻提出自己的意见。

只在重要时刻进行会议讨论，把会议中多数发言机会让给其他人，让每个人都参与建构行动计划，而不是坚持照自己的方式做。这样，情况的发展可能会让你喜出望外。

（3）提出意见时措辞要适当。

你的话单纯是你个人的意见还是以主管身份所下的指令？下属很容易将两者混淆，所以要清楚表明并移除这项障碍，以形成自由的工作环境。

三 激发下属的思考潜能

强化型主管会激发下属的思考潜能，弱化型主管则认为自己是万事通。领导应坦承自己并不知道所有答案，每个人都应该做好准备，随时贡献自己的才智。激励下属找出能贡献自己所长的绝佳机会，并督促他们保持专注及活力来迎接挑战，以取得好的成果。

1. 领导者要能提出大问题

夏伊·阿格西就是一个鲜明的例子。2005 年，他位居 SAP 软件公司的管理高层，是该公司下一任首席执行官的热门人选。在瑞士达沃斯举办的世界经济论坛上，有人问阿格西："你能够做些什么，让世界变得更好?"这个问题让他始终萦绕于心。两年后，阿格西离开了 SAP 软件公司，成立一家名为 Better Place 的公司，该公司致力于让电动车成为全球消费者可选择的交通工具。

能激发下属潜能的领导者，他们能提出真正困难的问题，然后将这些问题交给自己的团队，期待他们建构出可行的解决方案。这是一种绝佳的运作方式，因为人类内心深处都渴望接受挑战，从事能有所作为的计划。

弱化性主管则认为自己是万事通，认为自己的工作就是事无巨细地告诉每个人该怎么做，以避免下属出错。与这种主管共事常令人喘不过气，在他们身边工作，你会感觉自己就像在参加考试，随时都在检验自己有没有专心，职业生涯好像就这么永远困在学校里。万事通型主管自命为稽查员，他们提出问题是为了展现自己的优越，而非激发下属学习。万事通型主管会告知下属该如何完成工作，这其实是很糟糕的做法，因为这样会严重阻碍团队的发展。结果非但无法运用集体的智慧，下属也会受领导者的好恶所限制，大家都在等待主管详细的指示方针，从而造成大量时间浪费。

2. 撒下机会的种子，抛出难题

怎样才能成为激发下属潜能的领导者？

（1）撒下机会的种子。

提供信息和时间让下属思考，而非提供一个自己想好的方法。这样能让下属自己研究问题，并从中发现机会。实现这项目标的可行方法如下：

◎说明或表现出某个需求。

◎鼓励每个人挑战现状。

◎将问题重新塑造成勇于创新的挑战。

◎提供一个起点，而非完整的解答。

（2）抛出挑战。

要能引发下属的想象力。描绘一个吸引人的机会，让下属去着手进行挑战。挑战应该要具体、可衡量，并需要投入大量精力，但同时也能带来成就感。

（3）塑造信念。

让每个人相信“不可能”可以变成“可能”，

方法有 4 个：

◎认真研究影响“不可能”变“可能”的重要因素。

◎规划一套可行的执行途径。

◎与团队共同制订这项计划。

◎精心安排一些初期的激励方法。

3. 把握思考的机会，而非单纯解决问题

（1）凡事都抱持强烈的好奇心。

提出大量问题，更要提出极端问题。一再追问“为什么”，层层拆解问题，然后找出关键的因素。凡事都要追根究底，每次提出问题时尽量切中要点，而不是花时间告知他人该怎么做。这种简单的做法所产生的效果，会让你感到相当惊喜。

（2）走出办公室。

去某地实地考察。不妨租一台巴士载着团队亲身实地观察，看看新顾客与公司产品初次接触的情形。到顾客实际使用公司产品的场所留心观察，你能学到很多东西。

（3）展现团队跨出的第一步。

就算第一步容易实现也无妨，重点是要让成果具体可见，并加以庆祝。让每个人相信，只要齐心协力，必定会完成大业。

关键思维

主管如果能激发下属潜能，团队就能够提升绩效。由于不必等待主管意见而先思考，所以下属就可以用更快的速度来解决更困难的问题，而且下属相对更了解状况，他们也就能采取更恰当的行动。

——莉兹·韦斯曼

四　鼓励全面性的热烈辩论

强化型主管懂得鼓励下属辩论，弱化型主管只会自己作出最终决策。如果能让每个人都参与决策的过程，下属会对决策有更高的责任感。越懂得让大家参与决策过程的辩论，就越有机会运用整个公司的集体智慧。让下属参与辩论的反面就是由高层下指令，明确指示应该怎么做。这种运作模式并不好，因其假设只有高层了解情况，也唯有高层才有足够智慧作出决策。

1. 针对决策进行辩论，以激发下属责任感

强化型主管会鼓励下属相互辩论，而不是只下命令。强化型主管不会告诉下属要怎么做，而是让每个人参与决策的过程。这并不像看起来那么容易，不是每次大家聚集在一起，就自然会有正向的辩论。一场内容涉猎广泛而翔实的辩论，

要归功于主事者的精心准备和扎实的基础工作。如果你希望鼓励下属辩论，最好先做好准备工作。

2. 检视议题各个层面

（1）促进辩论。

消除下属的顾虑，并要求采取严谨的态度。开诚布公地表示，每个人都应该真实表达意见，而不要去揣测上司想听什么。告诉大家可以提出不同的激进意见，但必须有事实证明，而非单凭臆测。务必让议题各个方面都受到审视，不要三两下就达成决策。必要时，还可以指定某个人扮黑脸，请他翻开每一块石头，挑战每一个假设。记住，你是要特意鼓励下属针对议题进行辩论，而不是象征性或肤浅的讨论。

（2）让辩论有明确的结果。

总结大家在辩论中提出的重要意见、最后的决策与根据的理由。这样做可提醒大家，辩论的目的只是要达成可能范围内的最佳决策。让大家知道，他们努力的成果将会实现哪些目标。

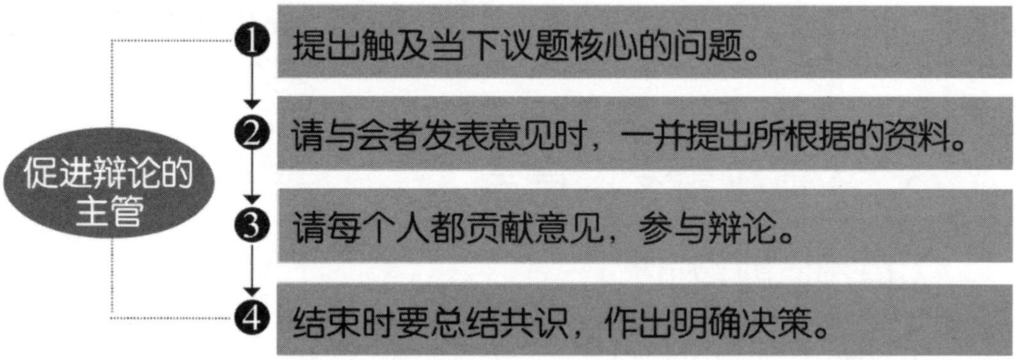

五　投资下属的才能并让下属学会负责

强化型主管会投资员工，弱化型主管则试图事必躬亲。应引导下属学会如何独当一面，方法是给予下属自主权，并投资培训下属。让每个人都具备自立的能力，创造出能够独立运作的团队，不需要你直接参与，即可交出成果。

1. 相信下属能自行想出问题症结

高效能的强化型主管，会定期且持续投资他人的才能。投资他人的最佳方式就是提供其所需的资源，并让他们为最后的结果直接负责。你必须先作投资，再期待结果。投资者应有以下心态：我的下属都是聪明人，他们会自行想出问题症结。我只要在讨论中提出一些点子，协助讨论的进展即可。

低效能的弱化型主管则事必躬亲，其常见的心态是：如果没有我，大家永远没办法想出解决之道。结果，事必躬亲的主管始终握着主导权，从不共享详细的信息，不让其他人了解整体情况。他们隐藏重要的事实和数据，不分配责任，而只交付零碎的任务。只要出现任何小问题，他们就立刻要回主导权。这种主管经常临时通知下属，反复收回任务的掌控权，到头来只会造成下属混乱、依赖和不在乎的心态。事必躬亲的主管对公司有害而无利。

成为投资型而非事必躬亲型的主管，你就能运用整个公司的集体智慧和效能。你能够提供契机，协助下属成长。只要看到这种做法所产生的惊奇成果，你就会养成投资人才的习惯。

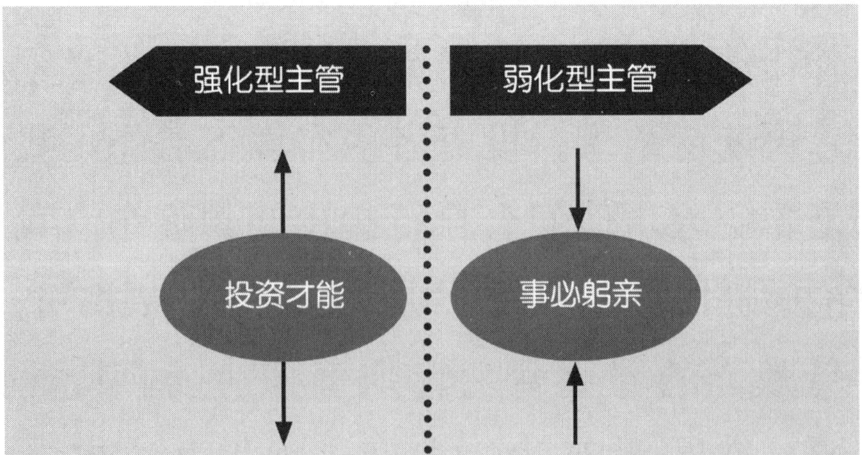

2. 投入资源，然后让下属学会负责

该如何投资员工呢？

（1）界定职责。

让下属知道是他们要负责交出成果，而不是你。将你的责任拨出一部分，完全交付给团队中你指派的人选。说明你会支持他们，并确保他们能得到所需的一切资源，但最后的结果完全是他们自己努力的成果。使下属在工作领域有所发挥及成长，他们就会觉得这项工作令人振奋，具有吸引力。务必让下属明白，他们就是自己的老板。

（2）投入资源。

投入使任务成功所需的一切知识和相关资源，然后开始扮演教练的角色。运用每一个指导的时机，来教授相关人员解决问题的技巧，而非展现你较优越的知识。利用一切方法提供支援和协助，但要让下属学会从实际工作中学习。

(3) 让下属负责。

对下属清楚表明，无论努力的结果如何，都由他们自行负责。如果下属拿着问题来找你，你必须提供一些建议。不过必须说明结果仍由下属负责，你并不会接手。让下属学会负责的一大关键，就是让所有下属的业绩都公开透明。

(4) 做好顺其自然的准备。

让作决定的下属认识到不当决策的后果，这是让下属学习最快的方式。如果你试图弥补原本自然发生的后果，到头来只会弱化下属学到的教训。记住，真正的智慧和正确的判断力必然来自错误尝试，别无他法。

(5) 下属拿着问题来找你时，让他自己解决。

如果下属拿着问题来找你，等他们把问题说完，你可以先停顿一下，再问："那你建议用什么方式处理这个问题?"然后等待对方回答。再针对对方的回答提出一些建议。将解决问题的责任丢回给下属，这是让他们成长的不二法门。

（6）无论在任何情况下，都要打消事必躬亲的冲动。

这一点要事先说清楚，不容许丝毫含糊。与下属讨论问题时，你可以提出建议，然后表示："这只是我的想法和建议，不过这案子还是你的。你是专案主持人，责任要由你来扛，我只负责后勤支援。你还需要我做些什么，来协助你完成专案？"

关键思维

强化型主管懂得投资人才、培养下属的独立性。他们组建的团队不必他们直接参与，就能持续产生绩效。

——莉兹·韦斯曼

六 强化型主管让下属成就倍增

有些主管会不断引导下属有最佳表现，让每个人都觉得自己聪明、自信、生产力高。只要将强化型主管的5大修炼融入个人的领导作为，你就能成为有效的领导者。如果你能够找出、提升并运用下属的天赋才干，你的团队所能达到的成就将不可估量。

1. 采用更多强化型主管的做法

我们在讨论强化型主管时，很容易假设自己的做法从头到尾都像强化型主管，或像弱化型主管。然而现实并非如此绝对，你会交替采取强化型主管与弱化型主管的做法。

如果想分析自己做得如何，建议你填写以下表格。你可以利用这张表记录自己在强化型主管5大修炼上的成效，如果你擅长其中1项修炼，就可以将注意力转移到自己较弱的项目上。日后你也可以自行制订计划，将自己较弱的修炼项目转变为擅长的项目。

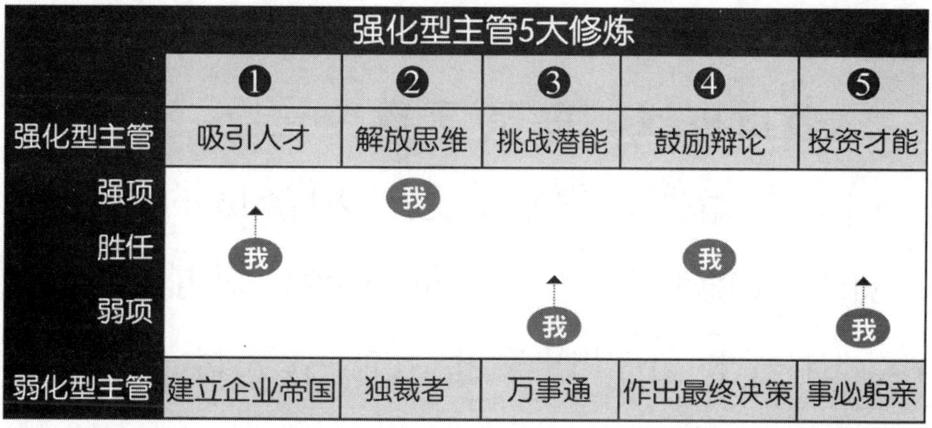

分析出自己的长短处之后，就可以设定一些目标，让自己采用更多强化型主管的做法。建议如下：

（1）不需要努力将自己的弱点都变成出众的优点。

只要能提升弱点就够了。事业要成功，不需要每个领域都是强项，现阶段能够提升弱点并胜任工作即可。

（2）善用自己的优点。

发挥优点的最大价值，如果这 5 项修炼你已经擅长其中一项，就要建造一座仓库，在这项修炼上储藏更加精进的新方法，以达到顶级的水准。应致力于强化有效的做法，而不是花过多时间处理自己的弱点。

2. 自由挑战，每30天改变一次

（1）开始实行更符合这5项修炼的做法。

如果我能找出这个人的才能，就能安排适当工作，让其长处得以发挥（吸引人才）；我要激发下属的最佳思考，而不是直接取走（解放思维）；人受到挑战，就会变得更聪明（激发潜能）；只要众人集思广益，我们就一定会想出办法（鼓励辩论）；下属都是聪明人，一定会自己想出办法（投资才能）。

（2）只要自己出现弱化型主管的坏习惯，就要立刻警觉。

这些坏习惯包括：下属必须随时向我报告，才能有效达成任务（建立企业帝国）；对下属施压，就能促进他们的表现（独裁者）；我必须随时知道所有的答案（万事通）；这个团队或这家公司里，只有少数下属的意见值得聆听（只会作出最终决策）；没有我的协助，大家永远没办法解决任何事（事必躬亲）。

（3）挑战自己，每30天改变一次。

选择某项修炼，让自己在这个项目上采取更多强化型主管的做法，并尝试一些小型的实验。如果这些实验项目奏效，下次就尝试更强、规模更大的30天挑战。如果小型实验不成功，那就重整旗鼓再试一次。持续进行小规模实验，直到你找出能有效精进的方法。相关研究一再证明，养成一个新习惯大约需要30天，因此在这个时间段内尝试一些小规模的实验，最有可能产生持久的效果。可以随身携带一本小册子，记录哪些实验有效、哪些无效，就能够规划出一条发展途径，帮助自己日后持续进步。

上述30天的挑战，将让你一步步成为强化型主管，因为会带你朝着正确的方向迈进。

3. 借助同事压力来维持挑战成果

要持续进步，你不只需要 30 天挑战的成功经验，也需要运用下图的 3 种策略来维持你的新成果：

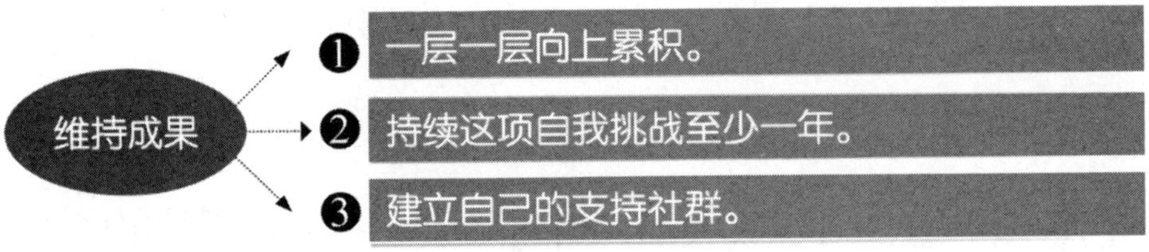

（1）一层一层向上累积。

先以一个简单的假设起步，例如，部下都是聪明人，因此主管最要紧的就是找到方法，以激发出每个人的最佳表现。基于这个概念，你不妨多听取下属的意见，并注意下属有何强项。你可以养成多发问的习惯，经过一段时间后，开始鼓励下属进行更多公开辩论等等。要成为强化型主管，你不妨从某一项修炼着手，然后逐步将其内化为自己的思考方式。

（2）持续这项自我挑战至少一年。

要精通任何管理上的修炼都需要时间。你不

妨每年问自己一个不同的问题，以引导自己一整年的思考及学习。适当问题包括以下几种：

◎我如何激发并强化他人的智慧？

◎我如何彻底运用自己的团队或企业的脑力？

◎我如何让下属自行想出更多答案？

（3）建立自己的支持社群。

与两三位有志成为强化型主管的经理人切磋，利用同事间的竞争压力来维持自身的学习进步动机。你甚至可以在公司内部成立线上学习的社群。你也可以寻找同样致力于成为强化型主管的团队，与其他人共同努力，让这段学习之旅既有趣，又能相互受益。

4. 遇到问题时，不必再投入更多人力

成为强化型主管受益无穷，为了自己也为了公司，你应该学着采取更多强化型主管的做法。这一点很重要，理由如下：

（1）效率更高。

研究再三证明，强化型主管的生产力是弱化

型主管的两倍。

（2）下属更有积极性。

人都喜欢有挑战性的工作，希望在某个职位上受到重用。下属都想变得更聪明，把工作做得更好，而强化型主管较有可能协助下属成功。

（3）节省资源。

强化型主管会协助自己的公司或团队，以较少的资源做更多的事。遇到问题时不必一再投入更多人力，而能有效借助每个人的力量，想出更好的做法。

（4）整合资源。

这个世界正在寻求创新的解决方案，以应对整个社会面临的许多问题。如果你能取得并运用公司所有员工的集体智慧，或许就能解决一些重要的问题。如果将全世界未彻底运用的智慧加以善用，便能为社会带来无法预估的巨大效益。只要采取强化型主管的做法，就能发挥一定的作用，解决各种问题。

（5）有利于员工发展。

现今的上班族都觉得自己工作过多，却未获得重用。学习成为强化型主管，就是让自己做好准备，为当代商业管理上的重大挑战提出解决方案。这必定能为你的职业生涯和人生带来正面的影响。

关键思维

强化型主管懂得造就人才，身边每位下属都会变得更聪明、能力更高。员工或许不是变成传统定义上的人才，但强化型主管会利用每个人的独特智慧——创新思考、建设性的做法，以及集体智慧，创造发挥才能的氛围。强化型主管不会只表现个人的才能，而是专注于利用及扩展他人的才能，借以提高下属的效率。你也可以在你的周围创造人才，并从下属身上得到更多回馈。总之，你可以选择采取强化型主管的思维及种种做法。

——莉兹·韦斯曼

经理人的 7 项修炼

E - Myth Mastery

The Seven Essential Disciplines for
Building a World Class Company

原著作者简介

迈克尔·格伯（Michael Gerber），E-Myth Worldwide 管理顾问公司创始人兼董事长，广受世人欢迎的演说家。葛伯曾出版多部畅销商业书，包括《E 神话又回来了》《E 神话经理人》及《E 神话承包商》等。

本文编译：李田树

主要内容

主题看板

3 个概念

1. 分析瘫痪

“分析瘫痪”（也有学者译为“分析停顿”），是指领导者或组织陷入只顾分析却难以作出决定的状况。发生分析瘫痪的原因通常是搜集来的信息太多，使得领导者在决策时陷入无法决策的困境；或是因为花费太多资源收集信息而造成过度的耽搁。虽然充分搜集信息是为了要降低风险，但是因此造成的延迟实际上却使失败的风险大大增加了。

美国汽车界巨人艾科卡曾说：“我绝不是那种成天坐着拟策略的人，世界不会等你算准你的损失才运转……在某些时刻，你就是得凭借信心。第一，即使是正确的决定，如果太迟，依旧会变成错误；第二，在大部分的情况下，没有所谓的确定这回事。”

2. **顾客满意度**

“顾客满意度”是顾客把消费前的期望，与消费后的实际感受比较后作出的评价，也就是顾客感觉需求被满足的程度。这种评价影响了顾客未来采购的意愿，对一家公司能否持续经营有极大的影响。要想提升顾客满意度，就必须真正了解顾客的需求。东森购物的一线客服人员，不仅会依照所掌握到的客户信息为每位顾客推荐最符合需求的商品；还会以顾客过去的消费状况，提供不同的促销活动让顾客选择，把促销优惠转化为让顾客有归属感的服务，获得了令人瞩目的成绩。这便是有效提升顾客满意度及忠诚度的一种做法。

3. **独特销售提案**（USP）

在营销领域里流行多年的“独特销售提案”，是美国知名广告人罗塞·雷斯于1961年提出的。雷斯在他的著作《Reality in Advertising》中指出，独特销售提案的发展，应该涵盖消费者、竞争与产品 3 个方面。主要的概念有：每支广告都必须对消费者提出一项明确的销售主张，告诉消费者购买这项产品可以获得的利益；这项主张必须是竞争者没有，或者是还没有提出来的；这项主张必须强而有力，并且足以获得消费大众的青睐。

USP 把焦点集中在产品的主要功能上，将商品的差异性与特色提供给相同的消费群以及同样需求层次的顾客，这与跳开同级竞争层次的紫牛式营销差异显著。紫牛式营销舍弃原来强调的产品主要功能与独特优势，将重点转到次要功能、附加特色上，提供给消费者“额外”的销售新价值。雀巢婴儿食品的市场地位能够超越嘉宝婴儿食品，由老三晋升为老二，就是因为雀巢提供婴儿营养计划与免费咨询服务，提高了商品价值与需求层次，与竞争对手有了层次上而不仅是功能上的区别。

5分钟摘要

7 项基本修炼

企业家神话信条：“不要让自己老是忙于各项业务，更要努力思考如何发展企业。”为落实这个信条，打造出符合企业经营理念的世界级企业，领导者必须致力于7项基本修炼。

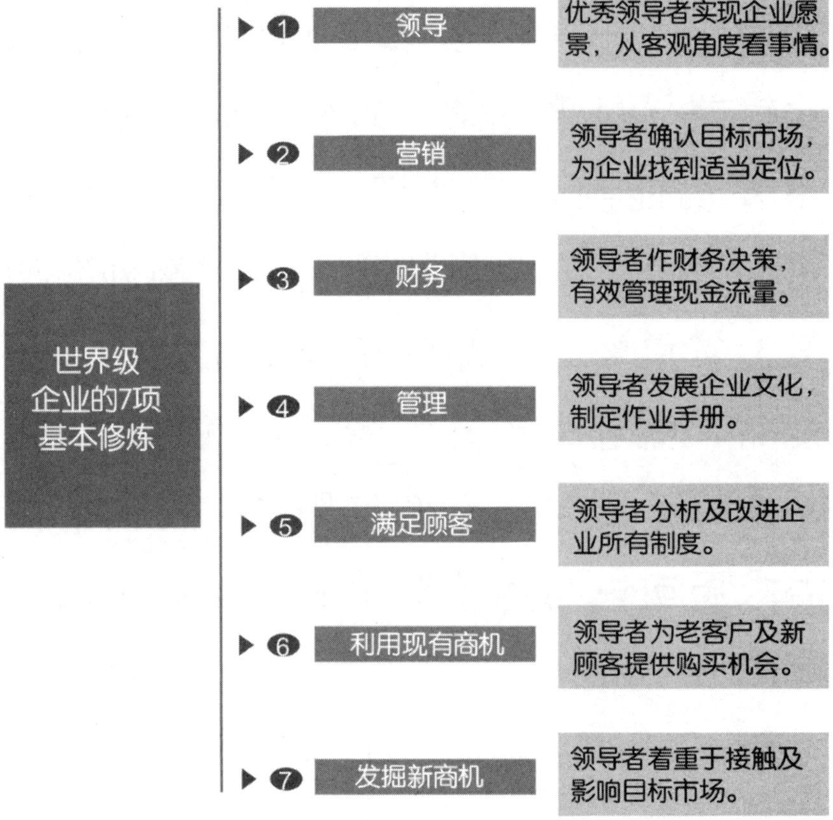

一　领导

企业家必须有扮演领导者角色的意愿。你必须愿意挺身而出作出决定，即便过程中可能会犯错也在所不辞。带着员工朝正确方向前进，是打造世界级企业的不二法门。具体而言，领导者需做好两个重要工作：拟定一套具体可行的运营计划，以落实梦寐以求的愿景；制定指标，让大家知道企业长期绩效是否符合预期目标。

1. 领导者拟定运营计划

（1）拟定运营计划的整体思路。

◎ 描绘运营计划实现后的影响。

◎ 为运营计划拟定大纲。

◎ 搜集相关资料，装订成活页簿。

◎ 确认自己必须生产的产品。

◎ 召开会议仔细讨论，为实现计划目标，

公司该执行哪些细节。

◎ 完成运营计划的“定稿”版。

◎ 建立一种可以修改原始计划的机制。

运营计划提供企业整体的大方向，让员工对日常工作有清楚的努力方向；经过妥善规划的运营计划，可以让公司的运营工作和企业的愿景联系在一起，借以激励人们努力实现计划目标。在运营计划的架构下，每一个人都很清楚自己的工作和实现目标的关联性。

（2）拟定运营计划的具体步骤。

◎先想清楚你的运营计划希望激发员工产生什么样的热情。

◎拟定运营计划大纲，并应涵盖打造世界级企业的 7 项基本修炼。

◎准备活页簿，开始组合你的运营计划。活页簿方便你调整各部分计划的顺序，可以随时重写或修正部分细节。

◎现有资料搜集齐全后，你必须确定公司需

要生产哪种产品，并决定由谁负责获取所需的信息。

◎你可以召集所有人来开会，详细讨论还欠缺哪些信息。你也可以借此确保运营计划所有内容前后一致。

◎订立日期，设定运营计划各部分工作必须完成的期限，让大家动起来。强调未来可以调整预定进度，但必须避免分析瘫痪。进度确定后，就应完成运营计划的最后定稿。

◎建立一种可以持续修改更新原始计划的机制。未来总会发生一些意外。市场不断变动，你必须定期更新原始运营计划。你所设计的机制，应该要方便你每季、每月，甚至以更高的频率更新原始计划。如此一来，你的运营计划就不会和现实环境脱节。否则，员工会认为自己是在追求一个不切实际的目标。

2. 领导者制定可以考核事业绩效的指标

除了应拟定一套运营计划，帮助组织实现未

来愿景外，企业领导者应做的另一项基本工作，就是要帮助组织所有成员从客观角度看待企业的运作，不要主观。有效能的领导者会制定出一套能够考核事业运作情况的关键指标，以实现上述目标。

（1）如何确定绩效考核的指标。

◎ 确认考核哪些特定活动与绩效。

◎ 确立稳定的管理报告架构与格式。

◎ 建立健全的资料搜集机制。

◎ 设计所需的管理报告。

◎ 建立定期报告管理层的管理报告制度。

◎ 持续改进整体报告程序。

（2）如何帮助组织进行考核。

◎确认哪些特定活动能正确反映组织运作进度。

◎确定该如何针对各项活动前后一致地搜集相关资料，该由谁负责搜集，如何将汇整信息呈报管理层。

◎建立搜集此类资料的机制，规定搜集的频率、时机、撰写报告的格式，及附加文字说明的注意事项等。

◎了解哪些人会对这些搜集来的信息积极回应，把信息及时提供给正确的对象。另需通过检查机制，以确保这些资料被充分利用。

◎决定适当的报告提送频率及公布时机才能发挥信息的功效。太多或太少信息都会让人感到困惑，适中即可。

◎第一套管理报告出炉后，应设法取得一些反馈，借以持续改进整体报告程序。不断精益求精，直到各级经理人都喜欢并且依赖这套报告机制为止。

二 营销

营销工作最主要的目的，就是要建立品牌或特许经营权。为了创造公司和个别顾客之间的紧密关系，世界级企业领导者致力于做好两件事：确认对组织而言最有利可图及最有潜力的顾客，也就是你的目标市场；进行市场定位，创造一个与众不同的差异化企业。

1. 领导者确认目标市场

公司应建立产品—市场分析矩阵，以精确了解现有市场是由哪些顾客构成的。以下是一家甜甜圈专卖店的产品—市场分析矩阵范例。

产 品	市 场		
	自营店面	超级市场	当地商号
1美元 甜甜圈、咖啡 (100%利润)	售出38000个 (38000美元)	0	售出70000个 (70000美元)
1盒12个甜甜圈 包装售价5美元 (68%利润)	10000个 (34000美元)	120000个 (408000美元)	15000个 (51000美元)
量贩1盒24个 甜甜圈包装售价 8美元(36%利润)	1000个 (2880美元)	80000个 (230400美元)	60000个 (172800美元)

纵轴为公司提供的产品与服务，横轴是和公司有生意来往关系的不同市场。接下来在空白栏位内，分别填入各市场区间的销售金额及实际利润。这些数字能够让你判断目前哪个市场区间最重要，哪些区间对整体利润贡献度最低，甚至毫无贡献。

一旦知道哪些市场最有利可图，就可以在这个市场投入更多销售力量，以吸引更多的潜在顾客。你也可以多花一些时间与资源，深入了解这个区间顾客的想法及购买决策过程。了解这些以后，就能设法强化潜在顾客的购买动机，刺激他们逐渐增加对你产品或服务的购买力，避免误用了错误的假设或不精确的信息白忙一场。你越了解顾客的决策过程，未来就越有机会吸引更多同类顾客成为你的老主顾。

想要把品牌建立起来，必须先建立与众不同的事业。你需要为企业找到有效的市场定位，好让最有利可图的潜在顾客知道你的存在，并且被你吸引过来。有效的市场定位，可以帮助你的企业在潜在顾客心目中占据有利位置。

2. 领导者为企业找到适当定位

确认自己主要销售的是独一无二的产品，还是有许多供应商的大众物资抑或是具有独特属性的品牌。了解自己和竞争者相较之下，自己在顾客心目中的相对地位如何。分析目标市场的特性，进行产品或服务差异化定位，制定市场定位策略。拟出“独特销售提案”及定位声明。

能够在顾客心目中创造真正与众不同的认

知，让顾客一使用你的产品或服务，就能想到你想要顾客感受到的主要属性，才称得上是有效的市场定位。为达到这个目的，你必须建立一套独特的产品属性组合，其要素包括：①功能—产品所具备的特有功能。②感官效果—使用产品的感觉。③感性反应—使用产品所产生的情绪。④理性判断与推论。⑤价格或价值。⑥便利性。

定位策略决定后，所有拟定的销售或营销方案都应以既定策略为方针，以保持前后一致性。你不妨用一个短句作为“独特销售提案”，让大家很快认识你们公司，以及你们产品或服务的市场定位。你还可以进一步把这个短句扩充为定位声明，概括说明你的产品内容，你希望解决哪些问题，顾客可以期待得到什么样的结果。

关键思维

成功的市场定位，不仅可以让顾客首次注意到你的存在，也为后续营销工作打好根基，诱使顾客从购买决策流程的这个链接移至下一个链接，最终作出交易决定。

——迈克尔·格伯

三 财务

为实现愿景，世界级企业领导者必须创造一套可行的财务模型，建立财务制度及实施责任制。具体而言，企业领导者必须做到两件事：准备所需工具，帮助制定有效财务决策和了解促成现金流最大化的重要性。

小型企业主必须追求两个很明确但有时会互斥的财务目标：长期支出达到最适化和公司价值达到最大化。

上述两个目标同等重要，都需要企业主密切注意。

1. 领导者为企业制定有效财务决策

领导者要节约开支，适度举债，扩大营业收入，从而提高长期获利能力。领导者还要学习有效的定价策略，让产品及服务为公司带来源源不断的利润。

要让公司市值持续增加，领导者必须充分运用运营资金，让有限的钱发挥最大的效用。收入及借贷的规模也要适当，亦即公司必须从这两者中取得足够资金，以备企业成长之需，但金额应控制在可管理的范围内。企业主还要考虑税的问题，尽量节约各项费用，并准备一笔资金，以备不时之需。

小型企业主尚须学习另一项重要技能，那就是要懂得如何为产品及服务拟定能为公司创造最大利润的价格。与其说定价是一门科学，不如说是一项技艺。定价策略是指，在消费者可以接受的范围内，通过产品价格同时实现营销及财务的目标。成功的定价不仅可以创造高获利，也能创造源源不断的财源。定价分析矩阵是思考定价策略的一项有效工具，可以作为一种有系统的工具，去思考有关定价的决策：

定价分析矩阵			
单价	$50.00	百分比	每单位
销售单位	$30.000		
变动成本/单位	$40.00		
销货收入	$1,500,000	100.0%	$50,00
变动成本	$1,200,000	80.0%	$40,00
贡献	$300,000	20.0%	$10,00
固定费用	$165,000	11.0%	$5,50
利润	$135,000	9.0%	$4,50
损益平衡销货收入=$825,000 损益平衡销售单位=16,500			

企业主可以根据定价分析矩阵评估目前产品定价的基准，然后试算出不同情境对公司财务可能产生的影响，并能正确追踪及预测这个商业模型各个要素后续变动的结果。企业主可以为不同产品线分别绘制定价分析矩阵，然后整合成一个全公司的定价分析矩阵，以比较不同事业策略对整体企业的潜在影响。

2. 领导者有效管理现金流量

现金流量是评价一家企业是否成功的关键指标之一。现金不仅能显示公司的运营状况，也能提供财务动力。一家公司的现金越多，流动速度越快，表示该公司的财务能力越强。

为强化及建立最适现金流量，精明的企业领导者通常会采取适当的方法，比如：①有计划地仔细检查所有资产，确保各项资产获得最有效的利用。接下来将非核心或非必要的资产处理掉，换成可自由运用的现金，提高资产的使用效率。②找更多投资人、向银行借更多钱，或寻找新供应商的利弊得失。不论最后选择哪一种方式，都可能相对降低你对企业的控制权。尽管如此，但有些时候还是值得一试。③尝试各种可能，借着扩大销售、调涨价格，或通过加快收款流程，甚至要求客户预付价款等方法，让收入持续增长。④向供应商要求延后支付货款，或要求分期付款，并要求将付款期拉长。⑤持续留意可以改进企业现有制度的方法，从而提升员工工作效率及生产力。⑥建立可以供应工厂所需原料的及时供应制度，这样公司仓库就不必存放大量存货，也可以相对减轻对财务的需求。

总而言之，你的目的就是要想尽一切办法从损益平衡表中挤出更多现金，但同时不能影响未来的成长。

关键思维

现在该是仔细检查现行财务策略的时候了。如果你尚未这样做的话，我劝你最好养成习惯，务必把财务纳入日常管理实务中。你将很快发现，财务策略在公司通往既定策略性目标的过程中会扮演什么样的角色。你也将发现，一套明确的财务策略，能够为组织其他所有决策提高效率、降低不确定性。

——迈克尔·格伯

四 管理

表现平平的公司无法靠运气转变为世界级企业，管理层必须先自我转变，再带着组织转变。因此，有雄心大志的企业家要做两件事：打造高绩效文化，能够热烈欢迎市场变动；制订组织工作手册，持续更新手册内容。

1. 打造高绩效文化

高绩效组织视变革为一种受欢迎的资源及机会。变革可以用来测试既有的假设，也可以增加组织的集体智慧，帮助企业成长。变革迫使每一个人离开舒适区，因此，大家应该把变革看成推动组织前进的机会，不要把变革当成改变现状的威胁。高绩效组织应利用变革刺激创新及成长。

（1）打造高绩效文化的方法。

◎让愿景融入组织文化。

◎建造适当的企业结构，持续鼓励员工创造高绩效。

◎给员工提供适当培训的机会及所需工具。

◎定期衡量及评估计划执行情形，持续调整做法，确保实现既定目标。

◎利用和员工互动及见面的各种机会，强化你的愿景与价值。每一次和员工面对面沟通时，趁机详细阐释你的愿景。

◎建立便于实现目标的企业架构，排除实现高绩效的障碍。以实现愿景为目的，确立报告关系、建立责任制、制定奖惩及激励办法。鼓励员工承担风险及尝试新事物。

◎提供员工所需的培训及工具，帮助员工追求最高绩效。尽一切可能让员工学习他们应该知道的所有事物，并帮助他们将所学应用在实际工作上。供应一切所需的工具和资源，帮助员工顺利完成任务。为了帮助员工实现高绩效目标，你应当扮演好协助的角色，不要成为员工的绊脚石。

◎研究制定绩效关键指标，然后根据这些指标持续追踪执行情况，让各项工作不偏离轨道。建立一套能追踪及报告绩效关键指标发生变动的机制，才可以在执行偏离轨道之初就及时发觉，阻止这些错误成为组织文化的一部分。

（2）建立制度。

和打造高绩效文化有关的另一项重点是建立制度，不能任由员工根据一时的想法或喜好，想怎么做就怎么做。针对组织的每个职位编写岗位说明书，可以帮助新进员工在最短时间内进入状态，提高效率。这么做同时可以帮助员工建立信心，因为他们对该做什么事和怎样做心知肚明。另外，当公司有意转手时，对新接手的买主来说，这些手册也是无价之宝。

2. 制订工作手册

列出组织所有的职位，以及每个职位由几人负责。

搜集公司内部要被纳入一般职位工作手册的所有信息。实际上，工作手册包括了公司章程以及与公司目标、历史及组织有关的信息，还有和公司产品、服务及市场定位相关的信息等。公司章程这部分通常还明确列出员工的工作时数、服装规定、申诉程序、健康及安全议题等事项。

再针对特定职位搜集信息，包括聘用合同、薪酬办法的详细说明、对上级报告的规定，及必须定期考核的绩效指标及其他需要考核的项目。一般来说，受雇者个人的聘用合同及薪酬协议不会纳入工作手册，而是收归在更机密的地方。

将组合完成的工作手册发给员工，与他们讨论。向员工解说这本手册，让他们彻底了解内容，让员工参与手册制定的过程，以确保手册成为真正有用的工具，而不是成功的绊脚石。

工作手册一经编写完成，其相关内容免不了逐渐过时，因此你必须定期更新内容，不要让手册与现实脱节。当公司有关信息发生变动时，必须找人专门负责更新信息；另外，还必须决定由谁来负责更新工作手册中和特定职位有关的内容。公司也必须指派专人负责，在新进人员到任时，编制新的工作手册。拟订一份更新工作手册内容的书面计划，明确规定各项工作的责任归属并切实执行，以确保大家不会忽略这项计划。要求经理人审阅直接下属的工作手册，每年至少两次，以确保每个人手边都是最新、最有用的信息。

在各种场合尽量引用工作手册的内容，借以证明工作手册确实是权威性的信息。

关键思维

高绩效的工作任务确实创造了一个让人觉得值得投入的竞赛环境。在这场竞赛里，员工全心投入工作，运用所有技能及能力，迎接每一项挑战，提升个人及专业能力。打造高绩效的组织，是让员工愿意投身这场竞赛最棒的做法。

——迈克尔·格伯

五　满足顾客

商场成功的主要原因在于组织能否创造很高的顾客满意度。世界级企业通过价值交换和顾客建立历久弥新的关系。小型企业领导者应努力把以下两件事做好：定期系统地评估顾客满意度；建立制度，以改进及强化客户满意度。

1. 分析“我们现在做得如何”

计算出和客户满意度有关的所有投入、产出及成本的数据，挑出几项值得追踪的关键指标，建立并记录绩效的基准，追踪现有指标变动情形。

一般企业都假设顾客对他们的产品感到满意。世界级企业则持续性地评估现有生产、运输及客服流程，以满足客户的需要。这些资料必须记录，方便考核各项工作的执行进度。

实际上，制作一张顾客满意分析矩阵，是深入了解公司现阶段表现最好的方法。

顾客满意分析矩阵			
流程概述	投入	产出	成本
确认完整流程必须进行的所有步骤	·人员 ·设施 ·物料 ·供应品 ·资讯	·成果 ·副产品 ·废料	·直接成本 ·间接成本 ·总成本
关键指标			
指标	基准	前期	当期
·产量 ·总成本 ·存货 ·退货	必须为每一项指标制定一个绩效基准	上个月 本指标的绩效	当月 本指标的绩效

2. 分析及改进流程

顾客永远不会对现状满意，他们总希望更好。因此，有效领导者都会做同样的事，他们不断改进现有客户的顾客满意系统。想要成为世界级的领导者，你必须追随一流企业的脚步。

（1）分析及改进流程。

◎挑一个顾客满意系统，做成直观图，实地观察流程，建立绩效基准。

◎分析工作流程，研究能否想出创新的方法，改进个别步骤。

◎把这套新的工作系统，做成正式文件。

◎评估绩效改善成果，然后测试及建立新流程。

（2）你必须更专注的事项。

◎挑出一个最应重视的顾客满意系统。

◎判断该系统目前达到何种绩效水准。

◎把系统细分为各个独立的部分，设法找出方法，分别改善个别部分。

◎有任何不错的想法，都要记录下来。把现有绩效的基准记录下来，明确指出你建议应如何改善现有流程及其原因。为改进后的流程制订预期绩效目标，并与现有绩效基准作比较。

◎花一些时间向使用“旧”流程的人咨询建议及想法。他们很有可能会提出大堆构想，其中或许有些值得纳入已改进的新流程。

◎确立应该追踪的关键指标，评估导入改进

建议前后的绩效基准。与其信赖主观的投入，不如多检查客观的数据。

关键思维

要实现较高的顾客满意度绝非易事。顾客有时很善变，而且不一定会透露他们什么时候不满意和不满意的原因。你必须把基础打好，以判断是否满足甚或（最好是）超越顾客的期待。

——迈克尔·格伯

六　利用现有商机

利用现有商机是指，让每一次和现有或潜在顾客的接触都变成收入。想要成为世界级企业，两种方法很有效：利用每一次可能的机会，让潜在顾客愿意和你做生意；尽量用好你最有利的市场，也就是你的现有顾客。

1. 制造让顾客“点头”的机会

世界级企业并没有在销售方面花太多力气，只是针对潜在顾客开发能满足他们实际需要的产品和服务，然后诉诸情感、提供潜在顾客解决方案，让他们对公司产生信赖。结果往往能引发消费者主动购买，完全不须催促消费者。

与其单单争取做成一笔生意，不如争取一名新顾客。

展现出你真心希望满足顾客需要，并与顾客

展开对话，展现出你承诺和顾客携手共创双赢伙伴关系的决心。

找出顾客真正的需求。确认你的产品和服务能够真正满足顾客的需求。为维护信誉，一旦你知道有其他产品更能满足顾客的需求，就要引导顾客选择其他产品，即便这项产品是其他供应商所提供的。

设法加强对顾客的情感诉求。让顾客相信你确实了解他们的需要，并且有能力为他们量身打造解决方案。

更进一步解释你所提出的解决方案的细节，以强化顾客对你的正面认知，并提供顾客所需的所有信息，好让他们作出正确决定。训练顾客能多了解你的产品或服务。

如果顾客接受你对解决方案的提议，接下来应尽量简化交易手续，方便顾客进入购买流程的下一阶段。如果顾客不愿意更进一步，也应维持良好关系，未来他们若改变需求时，仍有做成生意的机会。

了解一般的销售流程后，即可通过必要的调整，符合顾客及市场的特殊需要。久而久之，你越来越能掌握最适的销售流程，越能创造更多商机与其他新机会。当你多花力气去了解及满足顾客的实际需求，而不是一心想要多冲一些业绩时，就能和其他潜在顾客建立良好关系。与其他潜在顾客建立良好关系，就能够为扩展业务，或未来其他更多的商机打好基础。

2. 卖更多产品给现有顾客

一般企业只重视创造新顾客，世界级企业领导者却晓得，和现有顾客多做一些生意更合算。这样做不仅可以节省开发新顾客的成本，更是因为公司已掌握不少现有顾客的信息。老主顾不仅会持续购买你的产品，也会通过口碑相传，帮助你提升知名度。

企业主要认定现有顾客是你最主要的市场。运用内外部资源，搜集更多有关老主顾需求的信息。不要通过第三者，最好亲自拜访顾客，以了解他们如何看待你的产品或服务，并将这些信息纳入资料库。应研究如何为顾客已买的产品创造更多附加价值。这可能意味公司要提供给顾客更多信息、附加商品、提供整合服务、给他们意外惊喜或独特的服务等。不论你怎么做，一定要让顾客得到真正的附加值。一旦研发出让你觉得骄傲的新产品，接下来就是和顾客沟通了。切记不要用侵略性的推销手法，只需让他们知道，你已经研发出能恰好符合他们需求的新产品，然后再建立一套追踪机制，你才知道哪些顾客喜欢这项新产品，哪些顾客没有反应。如此一来，你就可以根据顾客的反应不断调整，让商品更符合顾客需求。

关键思维

如果你与顾客的沟通让顾客感觉是一种“推销”术，这种沟通很自然地就会被他们当成只是你获利的工具，重要性相对降低，甚或被排斥。如果和顾客沟通能让顾客看作是你在提供服务，或经营一项事业，这种沟通就会被顾客当作是为了他们的利益在着想，这样的沟通往往最有效。

——迈克尔·格伯

七　发掘新商机

企业必须持续不断地努力，持续创造商机，否则企业成长就会停滞不前。创造商机意味着组织应重视两项工作：持续接触目标市场，让更多顾客进一步认识公司及产品；在现有经销网内建立能发挥真正作用的影响力。

发掘新商机是任何一个营销方案的命脉。大家常以为，只要模仿大多数竞争者的做法，采用传统方式，甚至在黑暗中胡乱摸索一番，看看结果如何，就能做成生意。世界级企业却不是这样做的，他们是用系统的方法发掘新商机，并有明确的目标。

1. 不断接触目标市场

依序排出几个最有效且最适合的好办法。用成本、覆盖范围以及任何你想要评估的指标，评估不同方法的优缺点。根据评估结果编制预算，制订年度计划。根据你的偏好、接触顾客的效果及成本等因素，可以排出不同办法的优先顺序。看看你能在未来年度编制多少预算，以一年的计划为周期。必要的话，现有的方法清单是能够调整的，但还是要先决定使用哪些方法、何时使用它们、在各种方法上花费多少钱、你期望这些方法发挥什么样的效果，以及又该由谁负责计划的后续执行。

但要注意的是，你的潜在顾客每天都会接触各式各样的产品、市场传播及其他信息。只是让顾客知道你的存在是不够的，你还必须刺激他们提起兴趣，鼓励他们主动要求得到更进一步的信息。因此广告的所有诉求，必须和企业其他所有元素是一致的。成功的市场传播要让潜在顾客有下列的反应：①觉得自己和产品在情感上是有联系的。②不断强化那种情感的联系。③从对产品有认知到付诸购买行动。

很可惜的是，某些广告主及小型企业对这部分采取听天由命的态度，或一心希望得到最好结果。事实上，最好的方法是，在准备广告素材时，永远记得要将这些要素纳入你的广告诉求。

2. 不仅要打开知名度，更要发掘新商机

在准备广告素材时，要遵循10个特定步骤，而且要针对最需要你产品或服务的人作诉求。

世界级领导者会遵循这几个步骤：①明确的效果，要让人们对你的产品产生深刻印象，或吸引大家马上购买，或鼓励大家日后再购买。②考虑与产品搭配的营销方法的相关条件以及这些方法是不是有任何限制。③设计“立即识别标志”，这可以让潜在顾客立即产生情感作用的视觉形象。④定义未来使用的逻辑。⑤决定纳入哪些必要信息，同时必须决定用哪种媒体形式，好顺利说服潜在顾客购买。⑥决定目标顾客，以免投入过多资源打广告，结果诉求的对象却买不起你的产品。⑦纳入品牌识别系统。⑧说明大家下一步该做什么。⑨整合所有元素。⑩制作广告素材，统筹安排你选择的营销方法，评估广告效果。

关键思维

每一家世界级的企业，每一家致力追求创业智慧与创造奇迹的企业，包括在这些企业任职的所有员工，都应该不断学习和自我重建。这样的人、这样的企业，常常成为世人瞩目的焦点。麦当劳的雷·克劳克、联邦快递的弗瑞德·史密斯，都是其中的佼佼者。正因为每一次新的领悟、每一次新的可能，都让人们对生活产生新的热情，也造就出更深一层的使命感。

——迈克尔·格伯